사랑하는 _____
올 한해도 하나님의 거룩한 성품을
닮아가는 복된 네가 되길
날마다 기도할게.

년   월   일
너를 위해 날마다 기도하는

_____가

날마다
기도해

날마다 기도해

지은이 | 우경신
초판 발행 | 2024. 12. 18
등록번호 | 제1988-000080호
등록된 곳 | 서울특별시 용산구 서빙고로65길 38
발행처 | 사단법인 두란노서원
영업부 | 2078-3333   FAX | 080-749-3705
출판부 | 2078-3331

책값은 뒤표지에 있습니다.
ISBN 978-89-531-4977-9 03230

독자의 의견을 기다립니다.
tpress@duranno.com   www.duranno.com

두란노서원은 바울 사도가 3차 전도여행 때 에베소에서 성령 받은 제자들을 따로 세워 하나님의
말씀으로 양육하던 장소입니다. 사도행전 19장 8-20절의 정신에 따라 첫째 목회자를 돕는 사역과
평신도를 훈련시키는 사역, 둘째 세계선교(TIM)와 문서선교(단행본·잡지) 사역, 셋째 예수문화 및 경배
와 찬양 사역, 그리고 가정·상담 사역 등을 감당하고 있습니다. 1980년 12월 22일에 창립된 두란
노서원은 주님 오실 때까지 이 사역들을 계속할 것입니다.

하나님을 닮아 가는
우리 아이 성품 기도 365

날마다
기도해

우경신
지음

두란노

많은 분이 한국 기독교의 위기를 진단하며 가족 종교화가 되었음을 우려합니다. 기독교의 확장성이 떨어진 것이 분명해 보입니다. 하지만 잘 생각해 보면 초대 교회는 가족을 중심으로 시작했고, 구약의 쉐마의 법도 가정 안에서의 신앙 교육을 이야기합니다. 그러고 보면 기독교는 가족 종교에서 시작했고, 가정 안에서 바른 신앙 교육이 시작될 때 교회는 확장성을 얻게 되었습니다.

신현교회는 건강한 가족 종교화를 위해 가정 예배를 시작했습니다. 그리고 교재를 찾던 중 우경신 전도사님의 《날마다 축복해》를 만났습니다. 아이들의 눈높이에 맞게 교리를 설명한다는 것은 정말 어려운 숙제인데, 전도사님의 책을 통해 풍성한 가정 예배를 드릴 수 있었습니다.

이번 책 역시 기대가 큽니다. 성품이라는 좋은 주제로 모든 성도의 가정 안에서 풍성한 나눔이 있을 것이라 생각하면 벌써 감사한 마음이 듭니다. 이 책을 통해 건강한 가족 종교화가 이루어져 새로운 하나님 나라가 펼쳐지리라 믿습니다.

♥ **김상순** 신현교회 담임목사

우리 부부는 중앙기독학교, 원천교회, 마더와이즈에서 다음 세대를 믿음으로 세우는 일과 함께 네 자녀를 말씀과 기도로 양육하는 일에 동역하고 있다. 저자는 이 사역을 함께한 20년 지기 동지다.

2023년에 출간된 첫 번째 책, 《날마다 축복해》를 중앙기독학교와 원천교회, 마더와이즈에 추천해서 1년 동안 학부모들이 함께 읽으면서 기도하도록 했다. 덕분에 다음 세대를 신앙으로 양육하기 원하는 학부모들이 자녀를 안고 기도할 수 있었고, 공동체가 말씀 안에서 함께 성장하는 유익을 누릴 수 있었다. 이번에 출간하는 두 번째 책, 《날마다 기도해》에는 53개의 성품을 주제로 뽑고, 말씀에서 알맞은 성경 구절을 찾은 후에 쓴 365개의 기도문이 담겨 있다. 일주일에 한 가지씩 성품을 생각하고, 그 성품을 드러내는 성경 인물을 알아보며, 삶 속에서 성품을 주제로 활동하도록 하여 아주 실용적으로 기도할 수 있도록 했다. 이번에도 저자의 글쓰는 재주를 넘어서서 삶을 통해 터득한 산고의 결정체가 담겨 있다고 믿어 강력하게 추천한다.

♥ **김요셉** 원천침례교회 목사, (학) 중앙학원 이사장

♥ **김은영** 마더와이즈 코리아 대표

성품은 우리의 정체성이다. 성품을 통해 우리 자신을 정확히 볼 수 있고, 겸손히 하나님 아버지를 갈망하게 된다. 우리를 존귀한 하나님의 형상으로 만드셨음과 날마다 회복의 역사를 이뤄 가심에 감사하게 된다. 성품은 가정을 세운다. 남편과 아내의 하나 됨, 부모와 자녀 간의 사랑 속에 우리는 어느덧 성숙해진다. 성품은 영향력이다. 그리스도를 닮은 성품으로 교회에서 그리고 세상에서 이웃과 함께하며 손잡고 나아갈 수 있다.

우경신 전도사님은 총회교육개발원에서 집필진으로 함께해 왔다. 하나님 앞에서는 순종으로, 가정에서는 모범으로, 교회에서는 섬김으로 치열하게 말씀 실천에 힘써 왔음을 확신한다. 절절하며 생생한 성품 생각, 기도의 몸짓이 이 책 곳곳에 배어 있다. 매일 하나님과 동행하며 그리스도의 성품을 닮고 싶은 모든 이에게 이 책, 《날마다 기도해》를 강력히 추천하며, 함께 하나님의 온전한 성품을 빚어 가기를 소망한다.

♥ **노영주** 대한예수교장로회 총회교육개발원 원장

기도의 중요성을 모르는 그리스도인이 있을까요? 하지만 대부분의 그리스도인은 분주한 일상 속에서 기도의 삶이 결코 용이하지 않음을 절감하며 살아갑니다. 뿐만 아니라, 기도가 인간의 욕망을 실현하는 종교적 도구가 아니라, 하나님과의 인격적인 교제를 통해 기도자가 하나님의 성품을 닮아 가는 영성 훈련이고, 이 땅에 하나님 나라가 실현되는 성스러운 제의임을 간과할 때도 많습니다. 그래서 우리에게는 신실한 공동체, 탁월한 영적 지도자 그리고 신뢰할 수 있는 영성 훈련서가 꼭 필요합니다. 이런 맥락에서 우경신 전도사님의 신간, 《날마다 기도해》는 이런 요건들을 충족한 영성 훈련서입니다. 분주한 일상에서 365일 성경을 통해 하나님의 성품을 묵상하며 내적 성숙과 삶의 변화를 추구하는 건강하고 유용한 기도 책이기 때문입니다. 오늘도 세속 도시 한복판에서 하나님 나라를 앙망하는 이들에게 일독을 권합니다.

♥ **배덕만** 기독연구원 느헤미야 원장, 백향나무교회 담임목사

유난히 육아로 힘든 시기에 우경신 전도사님을 처음 만나게 되었습니다. 저에 대해 잘 모른다고 하면서 기도해 주셨는데, 그래도 하나님은 아실 거라며 꼭 제 마음을 아는 것처럼 기도해 주셔서 눈물이 저절로 흘렀습니다.

그로부터 유아 시기의 두 아이가 청소년기에 접어든 지금까지 십여 년 동안 사역을 동행하며 옆에서 지켜본 우 전도사님이 지은 《날마다 축복해》가 작년에 발간되어 참 반가웠습니다. 두 명의 자녀가 잠들기 전 머리맡에서 이 책으로 기도해 주면서, 자녀에게 '하나님이 함께 계신다'는 것을 날마다 상기시키며 축복했습니다. 두 아이를 기르면서 때로 부모로서 기도의 문이 턱턱 막힐 때도 《날마다 축복해》를 읽으며 소요리 문답을 바탕으로 한 성경 말씀을 기틀

로 신앙의 중심을 잡고 기도할 수 있었습니다.

이번에 출간된《날마다 기도해》도 자녀와의 관계 속에서 힘든 일이 있을 때 하나님께 삶을 온전히 맡겨 드리고 의지할 수 있게 예수님의 성품을 닮아 자라 가도록 도와주는 귀중한 책이라고 생각합니다. 이 책은 어린 자녀뿐만 아니라 자라나는 모든 아이와 부모에게 역경과 고난을 이겨 낼 수 있도록 이 땅에서 살아갈 버팀목이 되어 주리라 생각합니다. 이 책을 도구로 삼아서 육아와 기도 동역자로, 날마다 기도하며 하나님과 함께하지 않으실래요?

♥ **오현정** 용인 상현중학교 국어 교사, 창훈대교회 유아부 교사

하나님은 우리를 하나님과 교제할 수 있는 인격체로 창조하셨습니다. 우리는 날마다 하나님과 교제하며 그분의 성품을 닮아 가야 합니다. 그런 의미에서 이 책은 일주일 동안 동일한 성품을 주제로, 매일의 말씀을 통해 하나님과 교제할 수 있도록 도와줍니다. 더불어 자녀를 위해 어떻게 기도해야 할지 기도문까지 제시해 주고 있습니다. 부모가 자녀를 위해 축복하며 기도해 줄 수 있다는 것은 성도에게 허락된 큰 복입니다. 이 책을 통해 매일 말씀과 기도로 하나님과 교제한다면, 우리의 영혼은 더욱 풍성해질 것입니다.

"낙숫물이 바위를 뚫는다"라는 말이 있습니다. 비록 작은 물방울 같지만, 매일 주어지는 말씀과 기도는 어느새 우리의 고집 센 자아를 깨뜨릴 것입니다. 그리고 그 안을 참된 하나님의 성품으로 가득 채워 줄 것입니다. 날마다 기도하며 하나님의 은혜로 채워지는 우리의 삶이 되기를 축복합니다. 날마다 하나님의 성품으로 거듭나며 변화되는 우리의 가정이 되기를 소망합니다.

♥ **주경훈** 오륜교회 담임목사, (사) 꿈이있는미래 소장

목차   추천사 ● 프롤로그 ● 활용 방법

1월

거룩, 세상과 구별된 삶

1주차 ● 거룩_ 더러움과 분리된 진실함(001-007)
2주차 ● 겸손_ 스스로를 낮추고 자랑하지 않음(008-014)
3주차 ● 신뢰_ 온전히 믿고 따름(015-021)
4주차 ● 열정_ 뜨겁게 사랑하고 기뻐함(022-028)
5주차 ● 책임_ 맡겨진 것에 최선을 다함(029-035)

2월

창조, 새롭게 시작된 삶

6주차 ● 창조_ 새롭게 만들어짐(036-042)
7주차 ● 긍정_ 좋은 방향으로 생각함(043-049)
8주차 ● 용기_ 두려운 일을 헤쳐 나감(050-056)
9주차 ● 창의성_ 새로운 것을 발견함(057-063)

3월

구원, 값없이 받은 은혜의 삶

10주차 ● 구원_ 죄에서 벗어난 자유로움(064-070)
11주차 ● 성실_ 약속을 지키는 신실함(071-077)
12주차 ● 일관성_ 한결같이 변하지 않음(078-084)
13주차 ● 기쁨_ 변함없는 만족과 평안함(085-091)

4월

용서, 잘못을 용납하는 삶

14주차 ● 용서_ 잘못을 품고 덮어 줌(092-098)
15주차 ● 존중_ 높여서 귀하게 여김(099-105)
16주차 ● 공감_ 상황이나 감정을 이해함(106-112)
17주차 ● 헌신_ 아낌없이 베풂(113-119)
18주차 ● 승리_ 싸움에서 이김(120-126)

5월

사랑, 조건 없이 베푸는 삶

19주차 • 사랑_ 소중히 여기고 아껴 줌(127-133)
20주차 • 격려_ 용기와 힘이 되어 줌(134-140)
21주차 • 친절_ 정겨운 태도를 보이는 따뜻함(141-147)
22주차 • 배려_ 미리 생각하고 살펴 줌(148-154)

6월

진리, 변함없으신 주님을 붙드는 삶

23주차 • 진리_ 가치가 변하지 않음(155-161)
24주차 • 덕_ 이해하고 베풀어 줌(162-168)
25주차 • 진실_ 거짓 없는 솔직함(169-175)
26주차 • 결단_ 결정한 것을 굳게 마음먹음(176-182)

7월

의로움, 하나님의 뜻대로 사는 삶

27주차 • 의로움_ 거짓 없이 바르게 섬(183-189)
28주차 • 경청_ 주의 깊게 귀 기울여 들음(190-196)
29주차 • 자비_ 사랑하고 가엽게 여김(197-203)
30주차 • 공정_ 편견 없이 동등하게 대함(204-210)
31주차 • 지식_ 배운 것을 바르게 인식함(211-217)

8월

선함, 하나님의 바람을 행하는 삶

32주차 • 선함_ 착하고 순수함(218-224)
33주차 • 협력_ 힘을 합쳐서 행동함(225-231)
34주차 • 절제_ 충동과 욕망을 조절함(232-238)
35주차 • 순종_ 주장하지 않고 온전히 따름(239-245)

9월

지혜, 여호와를 경외하는 삶

36주차 • 지혜_ 사물의 이치를 깨달음(246-252)
37주차 • 분별_ 바른 판단을 내림(253-259)
38주차 • 사려 깊음_ 존중하고 공감함(260-266)
39주차 • 이해심_ 사정이나 형편을 잘 헤아려 줌(267-273)
40주차 • 신중함_ 조심스럽게 고민함(274-280)

10월

능력, 하나님의 뜻을 감당하는 삶

41주차 • 능력_ 일을 넉넉히 감당함(281-287)
42주차 • 정직_ 말과 행동이 일치함(288-294)
43주차 • 경건_ 거룩하고 순결하게 살아감(295-301)
44주차 • 진취_ 적극적으로 일을 이루어 감(302-308)

11월

공의, 공평하게 사람들을 대하는 삶

45주차 • 공의_ 치우침 없는 공정함(309-315)
46주차 • 질서_ 혼란스럽지 않은 조화로움(316-322)
47주차 • 감사_ 받은 은혜에 대한 고마움(323-329)
48주차 • 충성_ 변함없는 헌신과 신뢰를 나타냄(330-336)

12월

인내, 오래 참는 삶

49주차 • 인내_ 끈기 있게 어려움을 참고 견딤(337-343)
50주차 • 믿음_ 믿고 의지함(344-350)
51주차 • 온유_ 내면에 있는 부드럽고 강인함(351-357)
52주차 • 소망_ 간절히 바라고 기대함(358-364)
53주차 • 평온_ 조용하고 평안함(365)

성경 본문

오늘 읽고 기도할
성경 구절입니다.

주차별 주제

1주일 동안
기도할 성품의
주제입니다.
모두 53개의
주제를 가려
뽑았습니다.
첫 주는 하나님의
속성, 둘째
주부터는 인간의
성품에 대해
담았습니다.

오늘의 기도문

오늘의 기도문에
자녀(본인은 물론
기도해 주고 싶은
사람)의 이름을
넣어 기도합니다.

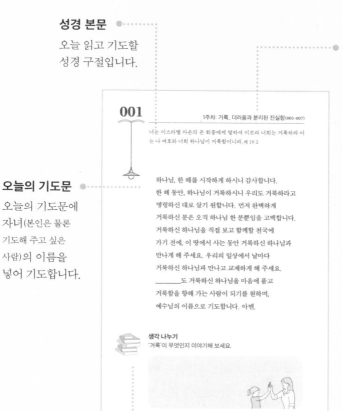

001

1주차: 거룩_더러움과 분리된 진실함(001-007)

너는 이스라엘 자손의 온 회중에게 말하여 이르라 너희는 거룩하라 이
는 나 여호와 너희 하나님이 거룩함이니라_레 19:2

하나님, 한 해를 시작하게 하시니 감사합니다.
한 해 동안, 하나님이 거룩하시니 우리도 거룩하라고
명령하신 대로 살기 원합니다. 먼저 완벽하게
거룩하신 분은 오직 하나님 한 분뿐임을 고백합니다.
거룩하신 하나님을 직접 보고 함께할 천국에
가기 전에, 이 땅에서 사는 동안 거룩하신 하나님과
만나게 해 주세요. 우리의 일상에서 날마다
거룩하신 하나님과 만나고 교제하게 해 주세요.
_____도 거룩하신 하나님을 마음에 품고
거룩함을 향해 가는 사람이 되기를 원하며,
예수님의 이름으로 기도합니다. 아멘.

생각 나누기
'거룩'이 무엇인지 이야기해 보세요.

패밀리 타임

자녀와 함께 활동하며 말씀을 몸으로 익힙니다. 일곱 번에
걸친 활동을 통해 성품이 머리만이 아니라 마음 깊이 새겨
지도록 했습니다. 다만 성품은 평생에 걸쳐서 형성되는 것
이기에, 일곱 번의 활동을 마중물로 삼아 꾸준히 익혀가도
록 해 주세요.

"이로써 그 보배롭고 지극히 큰 약속을 우리에게 주사 이 약속으로
말미암아 너희가 정욕 때문에 세상에서 썩어질 것을 피하여
신성한 성품에 참여하는 자가 되게 하려 하셨느니라"(벧후 1:4).

거짓 가르침이 판을 치는 세상에서 고군분투하는 성도를 향해 베드로
는 '신성한 성품에 참여하는 자'가 되라고 했습니다. 하나님이 각자에
게 부여하신 기질에 더해서 성장하면서 경험하는 의미 있는 관계 속에
서 빚어진 인격인 '성품', 하나님의 성품에 참여하는 자가 되려면 결국
기도와 말씀을 붙잡아야 합니다. 또한 말씀으로 기도하는 것이 삶의
루틴이 되려면, 짧고 쉬우면서도 복음의 핵심을 담은 기도문으로 기도
해야겠다고 생각했습니다. 그래서 첫 번째 책《날마다 축복해》에서 교
리를 뼈대로 삼아 기도한 후, 두 번째 책《날마다 기도해》에서는 성품
을 다루어 영혼의 살을 찌우도록 했습니다.

먼저, 하나님의 속성과 인간의 내면적인 성품을 53개의 주제로 추린 후에 그것을 다루는 성경 말씀 365개를 가려서 뽑았습니다. 일주일 단위로 한 가지 성품에 집중해서 기도하되, 7일 동안 다양한 방법으로 성품이 스미도록 했습니다.

예를 들어 '사랑'이라면, 일주일 동안 1) 가족이 각자 생각하는 사랑이 무엇인지 말해 보고, 2) 성경에서 사랑을 잘 보여 준 사람은 누구인지 찾아봅니다. 그런 다음 3) 사랑의 성경적 정의를 내리고, 4) 일상생활 속에서 사랑을 찾아보며, 5) 사랑이 아닌 것도 알아봅니다. 그러고 나서 6) 사랑과 관련된 간단한 활동을 한 후 7) 사랑이라는 성품과 함께한 일주일을 돌아보며 자신의 말로 정리하는 것입니다.

53개의 주제는 제가 주관적으로 뽑았기 때문에 여러분이 더 중요하게 다루고 싶은 성품을 빠뜨렸을지도 모르겠습니다. 원어 성경에서는 다른 단어인데 한글로는 같은 단어로 번역된 경우에는 우리가 사용하는 개역개정 성경에 충실하게 기도문을 썼습니다. 신학적으로 아주 미묘한 차이까지는 다루지 못했고, 한 달로 묶은 기도의 주제가 서로 잘 맞지 않는 것도 있음을 먼저 말씀드립니다. 다만 분명한 것은, 1년 동안 꾸준히 기도할 때 우리 안에 변화가 생길 것이며, 그것은 우리가 지금 상상한 것 이상이 될 거라는 사실입니다.

교리 편에 이어서 성품을 다룬 365개의 기도문을 쓰려는 아이디어를 주신 하나님께 감사드립니다. 남편 송상훈과 주현, 의현에게도 고마움을 전합니다. 저를 위해 늘 기도해 주는 가족, 특별히 이 책을 기다리던 중에 소천하신 아빠께 감사드립니다. 아빠의 위중한 병세가 아니었다면 서둘러서 원고를 마무리할 수 없었을 것입니다. 현재 사역하는 창훈대교회와 원천침례교회, 아울러 이 책을 제안하고 기다려 준 두란노서원 출판부와 26년 동안 함께한 대한예수교장로회 총회교육개발원 〈하나 바이블〉 집필진께도 감사드립니다.

이 책에 담긴 성품으로 하는 기도는 말씀의 샘에서 생수를 길어 올리는 심정으로 적은 기도입니다. 날마다 하나님의 말씀으로 기도할 때 우리 자신이 변화될 것이며, 자녀의 변화는 덤으로 주어지리라 믿습니다. 저를 낳아 주신 아빠, 저를 딸로 삼아 주신 하늘 아빠, 고맙습니다.

2024년 12월
하나님의 성품을 닮고 싶은
우경신 올림

거룩,
세상과 구별된 삶

거룩은 더러움과 분리된 상태로, 오직 하나님께만 있는 속성입니다. 하나님은 피조물과 구별되어 완전히 거룩하십니다. 보이지 않으시는 하나님이지만 거룩과 관련된 장소, 시간, 사람을 통해 우리는 거룩을 경험하게 됩니다.

세상에 있는 어떤 것도 그 자체로는 거룩하지 않으나, 하나님과 관계를 맺으면 거룩해집니다. 거룩하신 하나님과 닿을 때 변화되는 '거룩한 변화'인 것입니다. 거룩하신 하나님이 나타난 장소로는 특별히 모세를 만나 주신 떨기나무(출 3:4), 시내산(출 19:23), 언약궤(대하 8:11), 약속의 땅(출 15:13), 예루살렘성(사 48:2) 등이 있습니다. 안식일(창 2:3), 안식년(레 25:2), 희년(레 25:8-18)처럼 하나님이 거룩하게 구별하신 시간도 있습니다. 하나님께 제사 드릴 때 사용한 물건이나 십일조도 거룩한 것이었습니다.

하나님과 관계 맺으면서 거룩해지는 것 중에 가장 주목할 것은 사람입니다. 아담과 하와가 죄를 지어서 하나님과의 관계가 끊어졌지만, 하나님께서 선택하시면 누구든 하나님의 아들과 딸이 됩니다. 하나님은 이스라엘 백성에게 거룩하라고 하셨고(레 19:2), 오늘을 살아가는 우리도 거룩하신 하나님을 닮아 가는 거룩한 사람, 성도라고 불립니다.

한 해를 시작하는 첫 달입니다. 1월에는 거룩하신 하나님을 만나 봅니다. 거룩하신 하나님께서 우리를 말씀으로 만져 주시길 소원합니다.

001

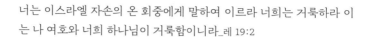

너는 이스라엘 자손의 온 회중에게 말하여 이르라 너희는 거룩하라 이는 나 여호와 너희 하나님이 거룩함이니라_레 19:2

하나님, 한 해를 시작하게 하시니 감사합니다.
한 해 동안, 하나님이 거룩하시니 우리도 거룩하라고
명령하신 대로 살기 원합니다. 먼저 완벽하게
거룩하신 분은 오직 하나님 한 분뿐임을 고백합니다.
거룩하신 하나님을 직접 보고 함께할 천국에
가기 전, 이 땅에서 사는 동안에도
거룩하신 하나님과 만나게 해 주세요.
우리의 일상에서 날마다
거룩하신 하나님과 만나고 교제하게 해 주세요.
_____도 거룩하신 하나님을 마음에 품고
거룩함을 향해 가는 사람이 되기를 원하며,
예수님의 이름으로 기도합니다. 아멘.

생각 나누기
'거룩'이 무엇인지 이야기해 보세요.

002

아론의 아들 나답과 아비후가 각기 향로를 가져다가 여호와께서 명령하시지 아니하신 다른 불을 담아 여호와 앞에 분향하였더니 불이 여호와 앞에서 나와 그들을 삼키매 그들이 여호와 앞에서 죽은지라_레 10:1-2

거룩하신 하나님, 나답과 아비후는 아버지 아론과
삼촌 모세, 고모 미리암의 믿음을 보고
자랐을 것입니다. 하지만 나중에는
하나님께서 허락하시지 않은 불로 제사를 드려서
죽게 되었습니다. 이 시간, 나답과 아비후처럼
하나님이 명령하지 않으신 방식으로
예배드리지는 않았는지 우리 자신을 돌아봅니다.
혹시라도 그랬다면 회개합니다. 오직 하나님께서
원하시는 방법으로 예배드리기 원합니다.
_____도 거룩하신 하나님을 가볍게 여기지 않고,
겸손히 섬기게 해 주세요.
예수님의 이름으로 기도합니다. 아멘.

성경 인물을 만나요

레위기 8장 36절과 10장 1-2절에 나오는 나답과 아비후의 이야기를 읽고, 거룩하신 하나님 앞에서 그들이 어떤 일을 했는지 이야기해 보세요.

003

오직 너희를 부르신 거룩한 이처럼 너희도 모든 행실에 거룩한 자가
되라 기록되었으되 내가 거룩하니 너희도 거룩할지어다 하셨느니라
_벧전 1:15-16

하나님, 베드로의 말처럼 이스라엘의 하나님은
거룩하신 분입니다. 당시 이방 종교의 신들처럼
폭력적이거나 악의를 품지 않는,
온전히 거룩하신 분입니다. 그런 하나님께서
우리를 불러 당신처럼 모든 행실에서 거룩한 자가
되라고 하셨으니 그리되기를 원합니다.
하나님의 거룩하심을 닮아 가게 해 주세요.
거룩하신 하나님의 나라를 품고
이 땅에서 살아가게 해 주세요.
_____도 거룩하신 하나님을 따라
모든 행실이 거룩함을 향해 나아가게 해 주세요.
예수님의 이름으로 기도합니다. 아멘.

성품 알아보기

거룩은 더러움과 분리되고 아무 잘못이 없는 거야. 완벽하게 거룩
하다고 할 만한 사람이나 사물이 있을까? 완벽하게 거룩한 존재는
오직 한 분, 하나님밖에 없단다. 거룩하신 하나님을 만나면 그분이
너를 거룩하게 하고, 거룩함 가운데로 이끄실 거야. 가끔이 아니라
자주 거룩하신 하나님을 닮아 보지 않겠니?

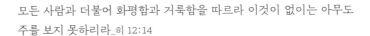

모든 사람과 더불어 화평함과 거룩함을 따르라 이것이 없이는 아무도 주를 보지 못하리라_히 12:14

하나님, 히브리서를 쓴 기자는 모든 사람과
화평하고 거룩해야 하나님을 볼 수 있다고 했습니다.
하나님을 만나고 싶습니다. 먼저 제 주변의 사람들과
화평하고 거룩한 관계를 맺게 해 주세요.
만일 하나님께서 기뻐하시지 않을 말이나 생각,
행동을 했다면 용서해 주세요.
사람들과의 관계에서 화평을 누리고,
우리 자신을 거룩하게 구별할 수 있도록
인도해 주세요. _____도 거룩하신 하나님과
좋은 관계를 맺기 원합니다. 함께해 주세요.
예수님의 이름으로 기도합니다. 아멘.

일상 둘러보기
거룩한 모습을 찾아요.
우리는 거룩하신 하나님께 어떤 모습으로 기도(찬양, 예배)하나요? 말이나
노래, 몸으로 표현하고, 다른 가족이 따라서 해 보세요.

005

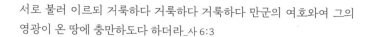

서로 불러 이르되 거룩하다 거룩하다 거룩하다 만군의 여호와여 그의 영광이 온 땅에 충만하도다 하더라_사 6:3

하나님, 이사야는 성전에 가득한 스랍들이
"거룩하다 거룩하다 거룩하다"라고
말하는 모습을 보고 자신이 죄인임을 깨달았습니다.
우리도 거룩하신 하나님 앞에 서면 죄인임을
더 확실히 알게 됩니다. 우리의 죄를 용서해 주세요.
도덕적으로 완전하고 순결하며 죄가 없으신
하나님 앞에 우리를 내려놓습니다. 하나님의 얼굴을
구하며 거룩하게 살아가기 원합니다.
_____도 하나님 앞에 온전히 서서 주님께 자신을
내려놓고 회개하는 사람이 되게 해 주세요.
예수님의 이름으로 기도합니다. 아멘.

일상 둘러보기
거룩하지 않은 모습을 찾아요.

너희는 여호와 우리 하나님을 높여 그의 발등상 앞에서 경배할지어다
그는 거룩하시도다_시 99:5

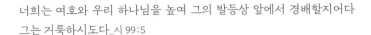

하나님, 하나님께 영광을 돌립니다.

오직 하나님만 높여 드립니다. 죄인인 우리를

불러서 거룩하게 하시고, 완전한 하나님을

섬기게 해 주시니 감사합니다.

하나님은 우리의 예배를 받기에 합당한 분이십니다.

하나님께는 죄가 없고, 단점이나 약점도

없으십니다. 오늘도 우리를 죄에서 벗어나

거룩함으로 나아가게 하시고, 겸손하게 하나님 앞에

서게 해 주세요. _____도 거룩하신 하나님을

예배하는 자로 자라게 해 주세요.

예수님의 이름으로 기도합니다. 아멘.

활동하기

3분 알람을 맞추고 합심해서 기도해요.

하나님의 거룩하심에 대해 우리가 삶으로 대답하기 원합니다. '거룩'이
라는 하나님의 성품이 우리의 삶 속에 이루어지게 해 주세요. 거룩하
신 하나님께서 우리 가족을 인도해 주신 일을 기억하며 오늘도 거룩하
신 하나님을 닮게 해 주세요.

007

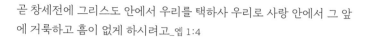

곧 창세전에 그리스도 안에서 우리를 택하사 우리로 사랑 안에서 그 앞에 거룩하고 흠이 없게 하시려고_엡 1:4

하나님, 세상을 만들기 전에 우리를 택하시고,
사랑 안에서 거룩하고 흠이 없게 하시니 감사합니다.
우리는 태어나면서부터 하나님을 알고
예배드리게 되었습니다. 하지만 하나님은
그보다 더 이전부터 우리를 기다리셨습니다.
예수님 안에 있을 때 우리를 거룩하고
흠이 없다고 보시니 감사합니다.
오직 우리가 할 것은 하나님의 거룩함을 닮아 가고
감사하는 것밖에 없습니다.
_____도 하나님 앞에서 거룩하고 흠이 없는
주의 자녀로 자라게 해 주세요.
예수님의 이름으로 기도합니다. 아멘.

돌아보기
'거룩'이라는 성품을 돌아보고 글로 남겨요.

008

사람아 주께서 선한 것이 무엇임을 네게 보이셨나니 여호와께서 네게
구하시는 것은 오직 정의를 행하며 인자를 사랑하며 겸손하게 네 하나
님과 함께 행하는 것이 아니냐_미 6:8

하나님, 이스라엘 백성은 예배할 때

하나님을 기쁘시게 하려고

온갖 노력을 기울일 때가 있었습니다.

하지만 하나님은 백성들이 가져온 제물보다

정의를 행하고 사람을 사랑하며 겸손하게

하나님과 동행하기를 바라셨습니다.

우리는 하나님을 기쁘시게 하기 위해서

무엇을 하고 있는지 곰곰이 생각해 봅니다.

정의를 행하기 원합니다. 사람을 사랑하기 원합니다.

겸손하게 하나님과 동행하기 원합니다.

_____도 주님을 온전히 섬기는

겸손한 사람이 되게 해 주세요.

예수님의 이름으로 기도합니다. 아멘.

생각 나누기
'겸손'이 무엇인지 이야기해 보세요.

그는 흥하여야 하겠고 나는 쇠하여야 하리라 하니라_요 3:30

세례 요한을 통해 겸손을 가르쳐 주신 하나님,
감사합니다. 세례 요한은 자신을 낮추고
예수님을 높였습니다. 요한은 사람들의 마음을
자기가 아니라 예수님께로 향하도록 했습니다.
우리도 요한처럼 하나님 앞에서 겸손하기 원합니다.
예수님보다 우리 자신을 더 높이거나,
우리가 계획하고 성공한 것을
하나님보다 더 드러내지 않게 해 주세요.
_____도 주님의 뜻이 무엇인지를 알고
그 뜻을 이루어 드리는 사람이 되게 해 주세요.
예수님의 이름으로 기도합니다. 아멘.

성경 인물을 만나요

요한복음 3장 22-36절에 나오는 예수님과 세례 요한의 이야기를
읽고, 요한의 겸손한 모습에 대해 이야기해 보세요.

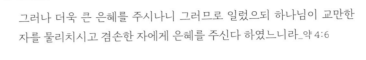

그러나 더욱 큰 은혜를 주시나니 그러므로 일렀으되 하나님이 교만한 자를 물리치시고 겸손한 자에게 은혜를 주신다 하였느니라_약 4:6

하나님, 우리는 항상 '나'를 중심으로 생각합니다.
나에게 모든 것을 가질 자격이 있다고 생각합니다.
이 시간 '나' 중심적인 모습을 내려놓고,
고집부리지 않고 하나님의 능력을
의지하기 원합니다. 내 마음대로가 아니라
하나님께서 이끄시는 대로 나아가는 사람이
되게 해 주세요. _____도 하나님 앞에서
겸손하게 자신을 바라보며 하나님이 주시는
은혜를 만나게 해 주세요. 부족한 우리를
존귀하게 여기며 선하게 인도하실
예수님의 이름으로 기도합니다. 아멘.

성품 알아보기
하나님 앞에서 겸손한 사람은 자기가 죄인인 것을 알아. 그래서 자기 자신의 능력이나 지혜, 학별, 돈 등을 자랑하지 않고 하나님께서 하신 일이라고 말하곤 하지. 겸손은 자기가 잘하는 것을 자랑하지 않고, 다른 사람의 좋은 점을 보고 칭찬하는 마음이란다. 너와 나, 모두 무슨 일을 하든지 먼저 하나님께 도움을 구하는 겸손한 사람이 되면 좋겠다. 그치?

아무 일에든지 다툼이나 허영으로 하지 말고 오직 겸손한 마음으로 각각 자기보다 남을 낫게 여기고_빌 2:3

하나님, 무슨 일을 하든지 겸손한 마음으로
남을 나보다 낫게 여기기 원합니다.
나를 남보다 낫게 여길 때 무슨 일에든
다툼이 일어나고 허영심이 들어가게 됩니다.
교만하고 이기적인 마음을 가지면 가정과 교회를
무너뜨리게 됩니다. 오직 겸손한 마음으로
나를 세우고, 가족을 세우며, 교회를 세우게
해 주세요. _____도 다른 사람을 존중하고
무례하게 행하지 않으며, 자신의 유익보다
다른 사람의 유익을 먼저 생각하게 해 주세요.
예수님의 이름으로 기도합니다. 아멘.

일상 둘러보기
겸손한 모습을 찾아요.
주변에서 겸손한 사람을 찾아보세요. 누구인가요? 그 사람이 하는 겸손한 말이나 태도, 행동을 이야기해 보세요. 우리도 그 사람처럼 겸손할 수 있을까요?

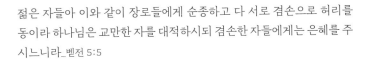

젊은 자들아 이와 같이 장로들에게 순종하고 다 서로 겸손으로 허리를 동이라 하나님은 교만한 자를 대적하시되 겸손한 자들에게는 은혜를 주시느니라_벧전 5:5

겸손한 자들에게 은혜를 주시는 하나님, 감사합니다.
베드로는 나이 든 사람과 젊은 사람 모두를 향해서
서로 겸손하게 대하라고 말합니다.
베드로의 말처럼 어른이나 젊은이 모두가
자기 입장만을 내세우지 않게 해 주세요.
젊은이들은 어른들의 말에 귀 기울이고,
어른들은 젊은이들을 존중하며 서로를 겸손하게
섬기게 해 주세요. 서로에게서 배울 점을
찾게 하시고, 서로를 이해하며
존중하는 사람들이 되기 원합니다.
_____도 겸손한 사람이 되게 해 주시기를 원하며,
예수님의 이름으로 기도합니다. 아멘.

일상 둘러보기
겸손하지 않은 모습을 찾아요.

나는 마음이 온유하고 겸손하니 나의 멍에를 메고 내게 배우라 그리하면 너희 마음이 쉼을 얻으리니 이는 내 멍에는 쉽고 내 짐은 가벼움이라 하시니라_마 11:29-30

하나님, 예수님의 겸손을 배우기 원합니다.

예수님은 바리새인과 율법학자들처럼 규범을 따르고

율법을 지키라고 하거나 더 열심히 노력하라고

하지 않으셨습니다. 성공과 경쟁에 내몰려

피곤하게 살던 우리의 모습을 돌아봅니다.

온유하고 겸손한 모습을 배우라고 하시니

그렇게 하겠습니다. _____도 자신에게 딱 맞는

짐을 지고 예수님을 따르기 원합니다.

우리 모두 예수님과 함께하며 자유롭고

가볍게 사는 법을 배우게 해 주세요.

예수님의 이름으로 기도합니다. 아멘.

활동하기

겸손하게 도움을 요청해요.

겸손은 자신의 무능력을 아는 동시에 하나님의 전능하심을 아는 것입니다. 혼자는 할 수 없었으나 하나님의 도움으로 할 수 있었던 일은 무엇인가요? 가족이나 친구의 도움을 받아야 할 부분이 있다면 겸손하게 도와달라고 말해 볼까요?

누구든지 자기를 높이는 자는 낮아지고 누구든지 자기를 낮추는 자는 높아지리라_마 23:12

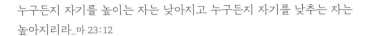

자기를 낮추는 자를 높이시는 하나님, 감사합니다.
우리는 높은 자리, 큰 역할을 좋아합니다.
경쟁하거나 누군가를 누르고 일어서려고 합니다.
하지만 예수님은, 돋보이고 싶다면
높아지려 하기보다는 자신을 낮추고
겸손하게 섬기라고 하십니다.
목에 힘주지 않고 겸손하게 낮출 때 도리어
하나님께서 귀히 여기고 사용하실 것을 믿습니다.
_____도 낮아짐을 통해 도리어 높아지셨던
예수님을 본받아 겸손하게 살아가게 해 주세요.
예수님의 이름으로 기도합니다. 아멘.

돌아보기
'겸손'이라는 성품을 돌아보고 글로 남겨요.

015

너는 마음을 다하여 여호와를 신뢰하고 네 명철을 의지하지 말라 너는
범사에 그를 인정하라 그리하면 네 길을 지도하시리라_잠 3:5-6

하나님, 세상을 살아가면서 불안하거나

결정을 내리지 못해 갈팡질팡할 때가 있습니다.

그럴 때 우리 자신이나 다른 사람이

중심이 되어서 결정하지 않기 원합니다.

멋대로 이해하거나 아는 체하지 않게 해 주세요.

하나님을 신뢰하며 하나님 앞에

문제를 내려놓기 원합니다.

_____도 자기 생각대로 달려가지 않고,

오직 모든 일에 있어 하나님을 신뢰하고

하나님의 음성을 듣게 해 주세요.

하나님을 의지하는 _____가 되기를 원하며,

예수님의 이름으로 기도합니다. 아멘.

생각 나누기

'신뢰'가 무엇인지 이야기해 보세요.

016

아브라함이 아침에 일찍이 일어나 나귀에 안장을 지우고 두 종과 그의 아들 이삭을 데리고 번제에 쓸 나무를 쪼개어 가지고 떠나 하나님이 자기에게 일러 주신 곳으로 가더니_창 22:3

하나님, 이삭을 번제로 드릴 준비를 하고
아침 일찍 길을 떠난 아브라함처럼 순종하기가
쉽지 않습니다. 그럼에도 불구하고
아브라함을 본받아 하나님을 신뢰하기 원합니다.
그가 자신의 소중한 것을 드리고
엄청나게 놀라운 은혜를 경험한 것처럼,
우리도 하나님을 신뢰하게 해 주세요.
빠르고 완벽하게 하나님을 신뢰했던 아브라함처럼
_____도 하나님을
신뢰하는 사람이 되게 해 주세요.
예수님의 이름으로 기도합니다. 아멘.

성경 인물을 만나요
창세기 22장 1-3절을 읽고, 하나님을 신뢰한 아브라함에 대해 이야기해 보세요.

017

주께서 심지가 견고한 자를 평강하고 평강하도록 지키시리니 이는 그가 주를 신뢰함이니이다 너희는 여호와를 영원히 신뢰하라 주 여호와는 영원한 반석이심이로다_사 26:3-4

하나님, 우리는 변화무쌍한 세상에 살면서
끊임없이 갈등을 겪습니다. 그러나 그런 중에도
온전히 하나님 안에 두 발을 디디고 서기 원합니다.
영원한 반석이신 주님께 시선을 고정하고
일편단심으로 주님만 신뢰하기 원합니다.
그러는 동안 우리를 지키고, 평안하게 하시는
하나님을 만나게 해 주실 것을 믿습니다.
_____도 변함없으신 하나님, 강한 능력과
열렬한 사랑을 주시는 하나님을 더욱
신뢰하게 해 주세요. 한결같고 흔들리지 않으시는
예수님의 이름으로 기도합니다. 아멘.

성품 알아보기

네가 100퍼센트 신뢰하고 따르는 사람은 누구니? 그런 사람이 있다 해도 가끔은 신뢰하기 어려운 경우가 생길 거야. 그런데 하나님은 그렇지 않으시단다. 늘 우리 곁에 계시고, 우리를 인도해 주시지. 신뢰는 하나님이 항상 우리를 돌봐 주신다고 믿는 마음이야. 세상에 있는 그 누구보다 온전히 믿고 따를 분이 바로 하나님이시라고 직접 고백해 볼까?

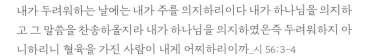

내가 두려워하는 날에는 내가 주를 의지하리이다 내가 하나님을 의지하고 그 말씀을 찬송하올지라 내가 하나님을 의지하였은즉 두려워하지 아니하리니 혈육을 가진 사람이 내게 어찌하리이까_시 56:3-4

하나님, 사람들이 위협하거나 해롭게 할까 봐
걱정스러울 때가 있습니다. 실제로 사람들이
힘들게 하고 괴롭히기도 합니다. 그러나 그 누구도
우리의 영혼을 빼앗을 수는 없습니다. 이미
약속해 주신 하나님 나라도 빼앗을 수 없습니다.
몸은 죽여도 영혼을 죽이지는 못합니다.
그러니 사람을 두려워하지 않게 해 주세요.
오직 이 모든 것을 넘어서서 세상을 다스리시는
하나님을 두려워하고 의지하게 해 주세요.
_____도 온전히 하나님만을 의지하기 원하며,
예수님의 이름으로 기도합니다. 아멘.

 일상 둘러보기
서로 신뢰하는 모습을 찾아요.
우리가 신뢰하는 사람은 누구인가요? 서로 신뢰하는 것처럼 보이는 사람은 누구인가요? 신뢰할 때의 말이나 행동은 어떤지 이야기해 보세요.

019

그러나 무릇 여호와를 의지하며 여호와를 의뢰하는 그 사람은 복을 받을 것이라 그는 물가에 심어진 나무가 그 뿌리를 강변에 뻗치고 더위가 올지라도 두려워하지 아니하며 그 잎이 청청하며 가무는 해에도 걱정이 없고 결실이 그치지 아니함 같으리라_렘 17:7-8

하나님, 강가에 뿌리를 내린 나무는

폭염이나 가뭄에도 걱정 없이 열매를 맺듯이,

우리도 하나님만 신뢰하며 붙들기를 원합니다.

사람만 의지하면 어려운 환경에 처할 때

궁핍하고 영적으로 약해지지만,

하나님을 의지하면 회복될 것을 믿습니다.

하나님을 의지하고 신뢰하여 복을 받기를 원합니다.

_____도 오직 하나님만 의지하고

붙드는 사람이 되기를 소원합니다.

예수님의 이름으로 기도합니다. 아멘.

일상 둘러보기
신뢰가 깨진 모습을 찾아요.

여호와께 피하는 것이 사람을 신뢰하는 것보다 나으며 여호와께 피하는
것이 고관들을 신뢰하는 것보다 낫도다_시 118:8-9

하나님, 차를 타면 운전자를 신뢰하고
비행기를 타면 조종사를 신뢰하는데,
우리 인생을 인도하시는 하나님은
신뢰하지 않을 때가 많았습니다. 우리를 가장
좋은 길로 인도하시는 하나님, 온전히 내 편이 되어
함께해 주시는 하나님을 의지하기 원합니다.
학자나 전문가보다 하나님을 더 의지하고
하나님께 도움을 요청하게 해 주세요.
_____도 어려움이 있을 때 모든 일을
해결해 주시는 하나님을 의지하게 해 주세요.
예수님의 이름으로 기도합니다. 아멘.

활동하기
눈 가리고 길 안내하기
한 사람은 눈을 가리고, 다른 사람은 길을 안내하면서 집 안을 걸어요.
블록이나 책으로 장애물을 만들어도 좋아요. 위험하지 않게요. 안방에
서 다른 방으로 걸어 보고 어땠는지 이야기해 보세요. 누군가를 신뢰한
다는 것, 하나님을 신뢰한다는 것이 무엇인지도 나누어 보세요.

021

아무것도 염려하지 말고 다만 모든 일에 기도와 간구로, 너희 구할 것을 감사함으로 하나님께 아뢰라 그리하면 모든 지각에 뛰어난 하나님의 평강이 그리스도 예수 안에서 너희 마음과 생각을 지키시리라_빌 4:6-7

하나님, 가정과 학교, 직장에서 살아가는 동안
참 걱정이 많습니다. 그러나 걱정과 염려 속에
갇혀 있지 않고, 그것을 기도와 간구로
바꾸기 원합니다. 염려를 감사로 바꾸어
하나님께 말씀드릴 때, 하나님이 모든 것을
합력해서 선한 방향으로 인도해 주실 것을 믿습니다.
하나님께서 우리 마음과 생각을 지켜 주시고,
평안을 얻게 해 주세요.
_____도 걱정되는 일을 아빠 하나님께
기도로 말씀드리는 자녀가 되게 해 주세요.
예수님의 이름으로 기도합니다. 아멘.

돌아보기
'신뢰'라는 성품을 돌아보고 글로 남겨요.

022

4주차: 열정_ 뜨겁게 사랑하고 기뻐함(022-028)

그가 우리를 대신하여 자신을 주심은 모든 불법에서 우리를 속량하시고 우리를 깨끗하게 하사 선한 일을 열심히 하는 자기 백성이 되게 하려 하심이라_딛 2:14

하나님, 이 땅에 예수님을 보내어

우리를 죄로부터 자유롭게 해 주시니 감사합니다.

예수님의 보혈로 우리를 구속해 주신 이후로

우리는 더 이상 죄의 지배 아래 있지 않고,

죄의 영향력으로부터 자유로워졌습니다.

그러니 죄에 거하는 자가 아니라,

선한 일에 열심을 내는 하나님의 백성이 되었음을

기억하고 살아가게 해 주세요.

_____도 이웃에게 더욱 선한 일을 하며

살아가는 사람이 되기를 원합니다.

예수님의 이름으로 기도합니다. 아멘.

생각 나누기

'열정'이 무엇인지 이야기해 보세요.

023

형제들아 나는 아직 내가 잡은 줄로 여기지 아니하고 오직 한 일 즉 뒤에 있는 것은 잊어버리고 앞에 있는 것을 잡으려고 푯대를 향하여 그리스도 예수 안에서 하나님이 위에서 부르신 부름의 상을 위하여 달려가노라_빌 3:13-14

하나님, 바울이 그리스도의 부름을 향해
달려갔듯이, 우리도 그러고 싶습니다.
푯대를 향해 달려갈 수 있는
에너지와 지혜를 공급해 주세요. 과거에 얽매여
후회하지 않고 앞을 향해 나아갔던 바울처럼,
우리도 한눈팔지 않고 열심히 달려가기 원합니다.
맡기신 일을 열정적으로 해내기 원합니다.
혹시라도 그러다가 탈진하고 낙심하면
하나님께서 일으켜 주시고, 힘을 주세요.
_____와도 함께해 주시기를 원하며,
예수님의 이름으로 기도합니다. 아멘.

성경 인물을 만나요
빌립보서 3장 13-14절을 읽고, 하나님을 향해 열정을 가졌던 바울에 대해 이야기해 보세요.

부지런하여 게으르지 말고 열심을 품고 주를 섬기라_롬 12:11

하나님, 세상에서 사는 동안

우리에게 할 일을 주시니 감사합니다.

우리가 무슨 일을 하든지 부지런히

마음을 다해서 열심히 하게 해 주세요.

대충하지 않고 열정적으로 최선을 다하기 원합니다.

일할 때 그 일을 책임지는 사람이나

윗사람만 생각하지 않고,

진짜 주인이신 하나님을 생각하기 원합니다.

_____도 무슨 일을 하든지 하나님을 떠올리면서

최선을 다하게 해 주세요.

예수님의 이름으로 기도합니다. 아멘.

성품 알아보기
좋아하는 일을 할 때 너는 어떤 마음이니? 열정은 무엇인가를 뜨겁게 사랑하고, 기쁘게 하는 마음을 말해. 네가 좋아하는 일을 열정적으로 하듯이, 하나님도 열심히 섬기면 좋겠어. 하나님을 향한 열정을 가질 때, 우리는 하나님께 더 가까이 가게 되고, 다른 사람들에게도 하나님을 전하게 된단다. 너의 열정이 솟아오르는 일(사람, 가치 등)이 무엇인지 말해 보고, 하나님을 향해서도 그런 열정이 솟아나기를 기도해 볼까?

025

그러므로 내가 나의 안수함으로 네 속에 있는 하나님의 은사를 다시 불 일 듯하게 하기 위하여 너로 생각하게 하노니_딤후 1:6

하나님, 하나님께서는 디모데가 하나님을
잘 섬길 수 있도록 은사를 불 일 듯하게
해 주셨습니다. 새로운 은사를 주신 것이 아니라,
이미 가지고 있던 은사를 다시 열정적으로
타오르게 하셨습니다. 우리도 하나님께서 주신
은사가 무엇인지 알게 해 주세요. 받은 은사를
잘 계발해서 주님의 몸을 세우는 데 사용하게
해 주세요. _____도 자신에게 주신 은사가
무엇인지를 깨닫고 다른 이들을 위해 사용하며
나누는 사람이 되게 해 주세요.
예수님의 이름으로 기도합니다. 아멘.

일상 둘러보기
열정적인 모습을 찾아요.
주변에서 열정이 넘치는 사람을 본 적이 있나요? 그 사람이 열정을 쏟는 일은 무엇인가요? 하나님을 향해서도 열정을 품고 있는지 생각한 후 이야기해 보세요.

026

그들이 너희에게 대하여 열심 내는 것은 좋은 뜻이 아니요 오직 너희를 이간시켜 너희로 그들에게 대하여 열심을 내게 하려 함이라 좋은 일에 대하여 열심으로 사모함을 받음은 내가 너희를 대하였을 때뿐 아니라 언제든지 좋으니라_갈 4:17-18

하나님, 바울 시대의 거짓된 이단 교사들은
갈라디아교회 교인들을 미혹시키려고
열심을 냈지만, 바울은 복음을 전하는 좋은 일에
열심을 냈습니다. 우리 안에 어떤 열심이 있는지
살펴보게 해 주세요. 열심을 내되, 하나님을 향한
올바른 방향으로 열정을 쏟기 원합니다.
우상을 따르지 않고 온전히 하나님을 향한
열심을 내게 해 주세요.
_____도 성경에 근거한 분별력을 가지고
선택하고 열심을 내는 사람이 되기를 원하며,
예수님의 이름으로 기도합니다. 아멘.

 일상 둘러보기
열정이 없거나 사라진 모습을 찾아요.

027

운동장에서 달음질하는 자들이 다 달릴지라도 오직 상을 받는 사람은 한 사람인 줄을 너희가 알지 못하느냐 너희도 상을 받도록 이와 같이 달음질하라_고전 9:24

하나님, 운동 경기에 참가한 선수들이 한 가지
목표만을 향해 달리듯이, 믿음의 경주를 하는 우리도
하나님만 바라보고 열심히 달리기 원합니다.
선수들이 열심히 훈련하고 몸을 만들며
최선을 다하듯, 우리도 기도하고 말씀을 읽고
예배드리며 하나님께로 달려가게 해 주세요.
하나님께서 주실 상을 향해 열심히 달려가는
우리가 되기 원합니다.
_____도 믿음의 본을 받아 주님이 주실
하늘의 상을 향해 열심히 달려가게 해 주세요.
예수님의 이름으로 기도합니다. 아멘.

활동하기

비전 보드 만들기

열정을 느끼거나 열정적으로 하는 일을 시각적으로 표현해 보세요. 벽에 공간을 마련하고 잡지나 인터넷에서 사진이나 그림, 이미지를 모아서 붙여 보세요. 글로도 써 보세요. 자신이 꿈꾸는 것, 가족이 꿈꾸는 것을 함께 나누어 보세요.

그러므로 내 사랑하는 형제들아 견실하며 흔들리지 말고 항상 주의 일에 더욱 힘쓰는 자들이 되라 이는 너희 수고가 주 안에서 헛되지 않은 줄 앎이라_고전 15:58

하나님, 우리가 하는 수고가 절대로
헛되지 않다고 하시니 그 말을 믿고 나아갑니다.
수고한 열매를 이 땅에서 보지 못해도,
영원한 하나님 나라를 선물로 주실 것을 믿습니다.
살아가는 동안 주의 일에 힘쓰는 자가
되기 원합니다. 그러니 마음이 흔들리지 않고
항상 주님의 일에 힘쓰게 해 주세요.
_____도 눈에 보이는 것뿐 아니라
눈에 보이지 않는 승리를 바라보며
열심히 주님의 일을 하게 해 주세요.
예수님의 이름으로 기도합니다. 아멘.

돌아보기
'열정'이라는 성품을 돌아보고 글로 남겨요.

029

이러므로 우리 각 사람이 자기 일을 하나님께 직고하리라_롬 14:12

하나님, 하나님의 심판대에 섰을 때 우리는 각자
우리가 한 일을 말씀드려야 합니다.
내가 한 일을 남에게 슬쩍 넘길 수도 없고,
남이 한 일을 내가 했다며 가로챌 수도
없을 것입니다. 오직 자기가 한 일만
고백해야 한다고 하시니, 다른 사람이
무엇을 하는지 걱정하거나 신경 쓰지 않고
우리에게 맡겨진 일에 충실하게 해 주세요.
_____도 하나님 앞에서 온전히 바로 서서
책임감 있게 살아가기를 원하며,
예수님의 이름으로 기도합니다. 아멘.

생각 나누기
'책임'이 무엇인지 이야기해 보세요.

노아가 그와 같이 하여 하나님이 자기에게 명하신 대로 다 준행하였더라
_창 6:22

하나님, 세상이 죄로 가득했을 때 하나님은
의인이고 완전한 자인 노아를 불러서 커다란 방주를
만들게 하셨습니다. 노아는 하나님이 내리신 명령을
책임감 있게 다 지켜서 행했습니다. 하나님의 경고를
무시했던 사람들은 세상이 멸망할 거라고는
상상도 못 했지만, 노아는 하나님의 말씀을 믿고
맡기신 일을 해냈습니다. 우리도 하나님께서
맡기신 일이 무엇인지 알게 하시고,
지키게 해 주세요. _____도 하나님이 주신 약속을
기억하고 책임 있게 살아가는 사람이 되기를 원하며,
예수님의 이름으로 기도합니다. 아멘.

성경 인물을 만나요
창세기 6-7장을 읽고, 하나님의 말씀에 책임감 있게 반응했던 노아
에 대해 이야기해 보세요.

너희는 말씀을 행하는 자가 되고 듣기만 하여 자신을 속이는 자가 되지 말라_약 1:22

하나님, 하나님의 말씀을 잘 듣기 원합니다.
잘 듣되 듣기만 하고 가만히 있는 것이 아니라,
말씀대로 행동하는 사람이 되기 원합니다.
단순히 듣는 것만이 아니라 행동으로 옮겨서
책임을 다하는 사람이 되게 해 주세요.
성경을 열심히 공부하고 배운 대로 행하여
앎과 삶이 일치되는 사람이 되기 원합니다.
_____도 말씀에 순종하고
행동으로 드러내는 사람이 되기를 원하며,
예수님의 이름으로 기도합니다. 아멘.

성품 알아보기

아빠, 엄마가 하나님이 주신 가족과 이웃을 잘 돌볼 때나 네가 친구들을 잘 도와줄 때 책임감이 있다고 말하지? 성경에서 책임은 하나님께서 맡기신 일을 잘 해내는 거란다. 우리가 사는 자연을 잘 돌보고 다스릴 뿐 아니라, 우리에게 주신 시간을 잘 사용하고, 자기가 한 말이나 행동에 대해 책임지는 삶을 사는 거지. 시간과 공간, 사람, 인생의 주인이 하나님이시라고 고백하고, 하나님이 허락하신 자리에서 선한 청지기로 살아가기로 약속해 보자. 약속!

032

무릇 있는 자는 받아 풍족하게 되고 없는 자는 그 있는 것까지 빼앗기리라_마 25:29

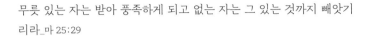

하나님, 마태복음 25장의 달란트 비유를 통해
하나님이 맡기신 일을 충성스럽게 준비해서
상을 받은 사람과 준비하지 않아서 벌을 받은 사람을
보여 주시니 감사합니다. 우리는 하나님이 주신
시간, 재능을 잘 계발하고 활용하는
충성스러운 사람이 되기 원합니다.
_____도 하나님 나라를 위해
자기에게 주신 시간과 재능을 충성되게 사용하는
선한 청지기가 되게 해 주세요.
예수님의 이름으로 기도합니다. 아멘.

일상 둘러보기

책임감 있는 모습을 찾아요.

주변에 책임감이 많은 사람이 있나요? 각자 그 사람에 대해 설명해 보세요. 왜 그 사람을 책임감 있는 사람이라고 생각했는지 그 이유도 말해 보세요. 우리는 맡은 일을 책임지고 최선을 다하는 충성스러운 사람인가요?

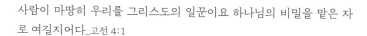

사람이 마땅히 우리를 그리스도의 일꾼이요 하나님의 비밀을 맡은 자로 여길지어다_고전 4:1

하나님, 바울은 고린도교회 사람들에게
베드로와 아볼로와 자신이
하나님의 비밀을 맡은 사람이요,
예수님의 일꾼이라고 말했습니다.
그리 대단한 사람이 아니라 하나님의 종으로서
맡기신 일을 마땅히 할 뿐이라는 말이었습니다.
우리도 하나님 앞에서 맡기신 일을
충성스럽게 하는 하나님의 사람이 되기 원합니다.
_____도 사람들 앞에서 교만하지 않고 오직
하나님께 충성을 다하는 사람이 되게 해 주세요.
예수님의 이름으로 기도합니다. 아멘.

일상 둘러보기
무책임한 모습을 찾아요.

네 양 떼의 형편을 부지런히 살피며 네 소 떼에게 마음을 두라_잠 27:23

하나님, 세상을 살아가는 지혜 중의 하나는
자기 양 떼와 소 떼를 살피며 돌보는 목자처럼
책임감 있는 청지기가 되는 것임을 알게 하시니
감사합니다. 우리가 살아가는 세상은 불확실하고
급변합니다. 미래가 어떻게 될지 모릅니다.
그러니 우리도 다른 것에 마음을 두지 않고,
하나님이 주신 것을 살피고
부지런히 움직여서 돌보는 사람이 되게 해 주세요.
_____도 하나님께서 주신 것을 감사히 여기며
책임지는 선한 청지기로 살게 해 주세요.
예수님의 이름으로 기도합니다. 아멘.

활동하기
책임 챌린지
일주일 동안 각자 책임을 맡아서 할 일을 정해요. 끝까지 최선을 다하
고 다음 주에 결과를 말하기로 해요. 할 일은 집안일, 공부, 정리, 성경
읽기 등 무엇이든 좋아요.

035

지극히 작은 것에 충성된 자는 큰 것에도 충성되고 지극히 작은 것에 불의한 자는 큰 것에도 불의하니라_눅 16:10

하나님, 작은 일을 정직하고 충성스럽게 해내는 것이
결국 큰일을 해내는 밑거름이 됨을 알게 하시니
감사합니다. 맡겨 주신 작은 일에 대해 먼저
충성스럽게 책임을 다하는 사람이 되기 원합니다.
작은 일에 불성실할 때 큰일도 속이고
불의할 수 있음을 간과하지 않게 해 주세요.
이 땅에 사는 동안 작은 일부터 주님께 하듯
책임 있게 하기를 원합니다. _____도
맡은 일을 성실하게 해내는 사람이 되기를 원하며,
예수님의 이름으로 기도합니다. 아멘.

돌아보기
'책임'이라는 성품을 돌아보고 글로 남겨요.

창조,
새롭게 시작된 삶

창조는 하나님께서 말씀으로 세상의 모든 것을 지으신 것을 말합니다. 말씀만으로 무엇인가를 만드실 수 있는 분, 무(無)에서 유(有)를 창조하실 수 있는 분은 오직 하나님밖에 없습니다. 사람들의 경우는 하나님이 이미 만드신 재료를 가지고 유(有)에서 유(有)를 만들어 내는 것입니다.

"태초에 하나님이 천지를 창조하시니라"(창 1:1). 하나님께서는 천지를 창조할 때 말씀으로 하셨습니다. 그것은 도저히 사람이 따라 할 수 없는 방법이었습니다. 그 후로 지금까지 세상은 하나님의 지휘 아래 움직이고 있습니다. 하나님께서는 세상 곳곳을 살아 있는 생명체로 채워 주셨고, 특별히 인간을 만들어 세상을 다스리도록 하셨습니다. 하나님의 뜻과 지혜가 반영된 세상을 잘 다스리고 돌볼 책임을 지닌 존재가 바로 사람입니다.

비록 사람이 하나님과 맺은 언약을 깨뜨려 죄인이 되었으나, 당신이 창조한 세상을 아끼신 하나님께서는 예수님을 보내어 구원해 주셨습니다. 이제 구원받은 우리는 신음하는 창조 세계를 회복시켜야 합니다 (롬 8:19). 창조 세계를 돌보고 지키며, 다스리는 청지기로 사는 것입니다.

2월에는 세상을 창조하신 하나님을 만나기 원합니다. 긍정적인 눈으로 세상을 보고, 용기 있게 세상으로 나아가는 것입니다. 도전했다가 실수하거나 실패해도 괜찮습니다. 그러면서 배우고 성장할 테니 말입니다. 자, 이제 하나님이 창조하신 세상으로 한 발 내디뎌 볼까요?

036

하늘이 하나님의 영광을 선포하고 궁창이 그의 손으로 하신 일을 나타내는도다_시 19:1

하나님, 하늘에는 하나님의 영광이 가득합니다.
수평선에도 하나님의 손길이 닿아 있습니다.
이 아름다운 세상이 저절로 생겨났다고는
생각되지 않습니다. 하나님의 솜씨가 깃든 세상을
보면서 창조주 하나님을 기억하게 해 주세요.
정교하게 어우러진 자연과 질서 있게 돌아가는
우주를 보면서 하나님을 찬양하기 원합니다.
_____도 하늘을 볼 때마다
창조주를 기억하게 하시고, 숨 쉬고 살아가는
세상 속에서 하나님과 동행하게 해 주세요.
예수님의 이름으로 기도합니다. 아멘.

생각 나누기
'창조'가 무엇인지 이야기해 보세요.

037

하나님이 자기 형상 곧 하나님의 형상대로 사람을 창조하시되 남자와
여자를 창조하시고_창 1:27

하나님, 당신을 닮은 형상으로
사람을 만들어 주시니 감사합니다.
하나님을 닮아 하나님의 본성을 드러내는 존재로
남자와 여자를 창조한 후 하나님께서는
온 세상에 번성하고 가득하라고,
세상을 돌보라고 하셨습니다. 우리도
이 놀라운 명령대로 세상에 번성하고, 가득하며,
땅을 돌보는 자가 되기 원합니다.
_____도 하나님을 닮게 하시고, 하나님의 본성을
잘 드러내는 사람이 되게 해 주세요.
예수님의 이름으로 기도합니다. 아멘.

성경 인물을 만나요
창세기 1장 26-28절을 읽고, 하나님께서 창조하신 아담과 하와에
대해 이야기해 보세요.

038

창세로부터 그의 보이지 아니하는 것들 곧 그의 영원하신 능력과 신성이 그가 만드신 만물에 분명히 보여 알려졌나니 그러므로 그들이 핑계하지 못할지니라_롬 1:20

하나님, 하나님께서 창조하신 세계를 천천히 보면
그 안에서 하나님의 영원한 능력과
신성의 신비를 볼 수 있습니다.
우리가 너무 바쁘거나 우리 자신만 보느라,
정작 봐야 할 것을 못 보고 있는 것은 아닌지
모르겠습니다. 창조 세계에서 하나님과
하나님께서 하신 일을 발견할 수 있는 눈을 주세요.
_____에게도 하나님의 아름답고 소중한 것을
볼 수 있는 눈을 허락해 주시기를 원합니다.
예수님의 이름으로 기도합니다. 아멘.

성품 알아보기

창조는 아무것도 없는 것에서 모든 것이 생겨난 거야. 무에서 유를 창조하신 분은 오직 한 분, 하나님이시란다. 하나님은 "...이 있으라"라는 말씀으로 세상을 창조하셨어. 뒤죽박죽 섞인 혼돈의 자리에 차근차근 질서를 세워 가셨지. 덕분에 세상은 아름다운 생명으로 가득해졌단다. 우리에게 주신 세계를 보면서 창조의 하나님을 떠올리면 좋겠어. 일주일 동안 하나님의 창조를 온몸으로 느껴 볼래?

039

너는 알지 못하였느냐 듣지 못하였느냐 영원하신 하나님 여호와, 땅끝까지 창조하신 이는 피곤하지 않으시며 곤비하지 않으시며 명철이 한이 없으시며_사 40:28

하나님, 하나님께서는 세상을 창조하셨을 뿐 아니라
세상이 유지되도록 돌보고 계시니 감사합니다.
우리 눈에 보이는 것은 물론 우리가 볼 수 없고
상상할 수조차 없는 것을 창조하셨고, 지금도
계속 창조하고 계시는 하나님을 만나기 원합니다.
엄청나게 많은 일을 하는데도 하나님은
피곤해하거나 지치지 않으시니 감사합니다.
그 수많은 사역에 우리도 사용해 주세요.
_____도 세상을 다스리시는 하나님께
쓰임 받는 사람이 되기를 원하며,
예수님의 이름으로 기도합니다. 아멘.

일상 둘러보기
창조의 모습을 찾아요.
주변을 둘러보며 하나님께서 만드신 피조물을 찾아보세요. 그 안에 담긴 하나님의 뜻과 마음은 무엇이었을지 생각해 보세요. 하나님의 뜻과 마음이 느껴지나요?

040

여호와여 주께서 하신 일이 어찌 그리 많은지요 주께서 지혜로 그들을 다 지으셨으니 주께서 지으신 것들이 땅에 가득하니이다_시 104:24

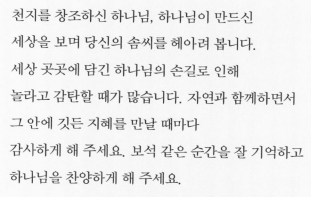

천지를 창조하신 하나님, 하나님이 만드신
세상을 보며 당신의 솜씨를 헤아려 봅니다.
세상 곳곳에 담긴 하나님의 손길로 인해
놀라고 감탄할 때가 많습니다. 자연과 함께하면서
그 안에 깃든 지혜를 만날 때마다
감사하게 해 주세요. 보석 같은 순간을 잘 기억하고
하나님을 찬양하게 해 주세요.
＿＿＿＿＿도 세상에 깃든 하나님의 숨결을 느끼며
창조주 하나님이 지으신 세상으로 인해
더욱 감사하고 찬양하게 해 주세요.
예수님의 이름으로 기도합니다. 아멘.

일상 둘러보기
창조되지 않은 것을 찾아요.

041

만물이 그에게서 창조되되 하늘과 땅에서 보이는 것들과 보이지 않는 것들과 혹은 왕권들이나 주권들이나 통치자들이나 권세들이나 만물이 다 그로 말미암고 그를 위하여 창조되었고_골 1:16

하나님, 바울은 예수님이 만물을
창조하셨다고 합니다. 바울의 말을
믿음으로 받아들여서, 우리도 예수님이
온 세상의 창조자이자 주인이심을 믿습니다.
_____도 이 사실을 믿음으로 고백하게 해 주세요.
예수님께서 영적인 세상과 물리적인 세상 모두를
창조하고 다스리시는 분임을 믿게 해 주세요.
우리의 창조자이자 주인이 예수님이심을 믿고
고백하면서 살아가게 해 주세요.
예수님의 이름으로 기도합니다. 아멘.

활동하기
겨울눈을 찾아요.
하나님께서 만드신 세상에서 가장 좋아하는 것은 무엇인가요? 우리 몸의 세포 하나, 우리를 둘러싼 나무, 공기, 하늘, 수많은 별을 품은 우주. 하나님께서 만드신 세상에 대한 감탄과 경외감이 생기지 않나요? 오늘은 밖으로 나가서 나무에 있는 겨울눈을 찾은 후에 그 안에 담긴 하나님의 세상, 봄에 활짝 필 모습을 상상해 보세요.

042

믿음으로 모든 세계가 하나님의 말씀으로 지어진 줄을 우리가 아나니
보이는 것은 나타난 것으로 말미암아 된 것이 아니니라_히 11:3

하나님, 모든 세계가 하나님의 말씀으로 지어졌음을
입술로 고백합니다. 하나님께서 말씀으로
무에서 유를 만드신 것을 믿습니다.
하나님이 창조하신 세상에 있는 재료를 가지고
우리도 창조적인 작업을 해내고 싶습니다.
함께해 주세요. _____도 믿음으로 세상을
바라보게 해 주시고, 하나님이 만드신 세계에 대해
감탄하고 찬양하며 반응하는 사람이 되게 해 주세요.
예수님의 이름으로 기도합니다. 아멘.

돌아보기
하나님의 '창조'를 돌아보고 글로 남겨요.

043

내게 능력 주시는 자 안에서 내가 모든 것을 할 수 있느니라_빌 4:13

하나님, 저의 힘만으로는
아무 것도 해낼 수 없습니다.
하지만 저를 여기까지 인도하고
지금의 모습으로 만들어 주신 하나님 안에서는
모든 것을 해낼 수 있습니다. 저를 어디에 두시든,
제가 가진 것이 무엇이든 상관없이
하나님 안에 있으면
모든 것을 할 수 있다고 하시니 감사합니다.
_____도 하나님 안에 있을 때,
자신이 모든 것을 해낼 수 있음을 알고
용기를 가질 수 있게 해 주세요.
어려움이 있어도 잘 이겨 낼 수 있게 해 주세요.
예수님의 이름으로 기도합니다. 아멘.

생각 나누기
'긍정'이 무엇인지 이야기해 보세요.

044

그 땅을 정탐한 자 중 눈의 아들 여호수아와 여분네의 아들 갈렙이 자기들의 옷을 찢고 이스라엘 자손의 온 회중에게 말하여 이르되 우리가 두루 다니며 정탐한 땅은 심히 아름다운 땅이라_민 14:6-7

하나님, 가나안 땅을 정탐하고 돌아온 열두 명의
정탐꾼 중에서 여호수아와 갈렙은 하나님께서
젖과 꿀이 흐르는 땅을 주실 거라고 했습니다.
부정적으로 보고한 열 명과 달리 긍정적으로
보고한 것입니다.
우리도 약속한 대로 이루실 하나님,
우리를 인도하시는 하나님을 기대하면서
긍정적인 반응을 보이게 해 주세요.
_____도 하나님께서 하실 일을 바라보며
긍정적으로 말하고, 생각하고,
반응하는 사람이 되기를 원하며,
예수님의 이름으로 기도합니다. 아멘.

성경 인물을 만나요
민수기 13장을 읽고, 가나안 땅을 정탐한 열 명의 정탐꾼과 여호수아와 갈렙에 대해 이야기해 보세요.

045

우리가 알거니와 하나님을 사랑하는 자 곧 그의 뜻대로 부르심을 입은
자들에게는 모든 것이 합력하여 선을 이루느니라_롬 8:28

하나님, 하나님을 사랑하는 우리가
사는 동안에 일어나는 모든 일이
결국에는 선을 이루게 된다고 하시니 감사합니다.
바로 앞만이 아니라 멀리 바라보게 하시고,
한두 가지 일이 안 된다고 해서 모든 것을
비관적으로 보지 않게 해 주세요.
어떤 상황에서든지 낙심하지 않고, 우리를 부르신
하나님의 뜻을 구하기 원합니다.
_____도 어려운 일을 만날 때
오직 하나님을 신뢰하고,
하나님께서 함께하실 것을 바라보게 해 주세요.
예수님의 이름으로 기도합니다. 아멘.

성품 알아보기
긍정은 하나님께서 늘 우리와 함께하신다는 믿음을 가질 때 드는
마음이란다. 나 혼자는 할 수 없지만, 능력이 많으신 하나님 안에서
는 할 수 있다고 생각하는 것을 말하지. 어떤 일이든 걱정하기보다
하나님께 맡기고 기도하면 하나님께서 좋은 길로 인도해 주실 거
야. 어려움을 만날 때면, 너도 하나님께 맡기고 하나님이 해결해 주
실 것을 바라며 긍정적으로 생각할 수 있겠니?

046

여호와의 말씀이니라 너희를 향한 나의 생각을 내가 아나니 평안이요
재앙이 아니니라 너희에게 미래와 희망을 주는 것이니라_렘 29:11

하나님, 포로로 잡혀간 이스라엘 백성에게
예레미야는 바벨론에서의 70년이 다 채워진 후에
하나님께서 그들을 돌아오게 하실 거라고 전하면서,
하나님의 생각은 평안과 희망을 주는 것이라고
말합니다. 하나님, 혹시라도 우리 안에 불안하고
걱정스러운 생각이 든다면, 그것은 하나님께서 주신
생각이 아니라는 것을 알아채게 해 주세요.
하나님은 우리를 포기하지 않고, 우리에게 미래와
희망을 주시는 분임을 기억하게 해 주세요.
_____도 그런 하나님을 만나고 붙잡기를 원하며,
예수님의 이름으로 기도합니다. 아멘.

일상 둘러보기
긍정적인 모습을 찾아요.
긍정적인 태도는 무엇일까요? 긍정적인 말과 행동을 하는 사람이 주변
에 있나요? 그 사람에 대해 이야기해 보세요. 우리가 자주 하는 긍정
적인 말은 무엇인가요? 가족이 서로 상대방의 긍정적인 모습을 말해 주
세요.

047

우리 가운데서 역사하시는 능력대로 우리가 구하거나 생각하는 모든 것에 더 넘치도록 능히 하실 이에게 교회 안에서와 그리스도 예수 안에서 영광이 대대로 영원무궁하기를 원하노라 아멘_엡 3:20-21

하나님, 하나님께서는 우리가 구하거나 생각하는
것보다 훨씬 더 좋은 것을 주시는 분입니다.
우리 생각으로 하나님을 제한하지 않게 해 주세요.
우리의 기도와 생각보다 훨씬 크고
놀라운 능력으로 역사하실
하나님을 기대하며 바라보기 원합니다.
하나님께서만 모든 영광을 받아 주세요.
_____도 하나님께 영광 돌리는 인생을
살 수 있도록 인도해 주세요.
예수님의 이름으로 기도합니다. 아멘.

일상 둘러보기
긍정적이지 않은 모습을 찾아요.

048

그러므로 우리가 낙심하지 아니하노니 우리의 겉 사람은 낡아지나 우리의 속사람은 날로 새로워지도다 우리가 잠시 받는 환난의 경한 것이 지극히 크고 영원한 영광의 중한 것을 우리에게 이루게 함이니 _고후 4:16-17

> 하나님, 우리가 어려움을 겪을 때가 있습니다.
> 하지만 비록 고통스러운 현실로 인해 힘든다 해도
> 주저앉지 않겠습니다. 주님이 준비해 두신
> 영원한 상을 포기하지 않겠습니다.
> 매일 새롭게 다짐하며 나아가겠습니다.
> 믿음이 약해지고 한계에 부딪혀도
> 영원을 바라보며 새롭게 일어나겠습니다.
> 하나님께서 함께해 주세요. 어려운 일을 겪거나
> 한계 상황에 이르렀을 때, _____도
> 선하신 하나님을 바라보며 이겨 내게 해 주세요.
> 예수님의 이름으로 기도합니다. 아멘.

활동하기

긍정 감사 일기 쓰기

하나님께서 주신 오늘 하루를 기쁘게 받아들이기 원합니다. 세상을 보며 긍정적인 생각을 하고 긍정적인 태도로 반응하기 원합니다. 일주일 동안 긍정적인 말로 감사 일기를 써 보세요.

049

또 여호와를 기뻐하라 그가 네 마음의 소원을 네게 이루어 주시리로다
_시 37:4

하나님, 다윗은 하나님을 기뻐하라고 합니다.
우리가 하나님을 의지하고 하나님께 모든 것을
맡기면, 하나님께서 이루어 주신다고 말합니다.
우리도 하나님을 기뻐하기 원합니다.
하나님을 의지하고, 하나님께 우리의 가족과 친구,
재산, 직업, 학업 등 모든 것을 맡기기 원합니다.
모든 것을 창조하고 주신 분이기에
우리보다 더 잘 돌보실 수 있음을 믿습니다.
_____도 불안하고 걱정스러운 부분이 있다면
하나님께 맡기고 기도하게 해 주세요.
온전히 하나님을 기뻐하는 사람이 되게 해 주세요.
예수님의 이름으로 기도합니다. 아멘.

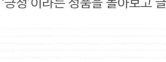

돌아보기
'긍정'이라는 성품을 돌아보고 글로 남겨요.

내가 네게 명령한 것이 아니냐 강하고 담대하라 두려워하지 말며 놀라지 말라 네가 어디로 가든지 네 하나님 여호와가 너와 함께하느니라 하시니라_수 1:9

하나님, 이스라엘 백성을 이끌고 새로운 땅을 향해
가야 했던 여호수아에게 하신 말씀을 읽게 하시니
감사합니다. 불확실한 미래, 수많은 난관이
앞에 있을지라도 하나님께서 함께한다고 하시니
여호수아가 용기를 낼 수 있었을 것 같습니다.
불확실한 미래를 마주하며
변화무쌍한 삶을 살아가는 동안
하나님께서 우리와 함께해 주시기를 기도합니다.
_____도 사는 동안 하나님께서 함께해 주셔서
강하고 담대하며, 두려워하거나 놀라지 않는
인생이 되게 해 주세요.
예수님의 이름으로 기도합니다. 아멘.

생각 나누기
'용기'가 무엇인지 이야기해 보세요.

051

당신은 가서 수산에 있는 유다인을 다 모으고 나를 위하여 금식하되 밤낮 삼 일을 먹지도 말고 마시지도 마소서 나도 나의 시녀와 더불어 이렇게 금식한 후에 규례를 어기고 왕에게 나아가리니 죽으면 죽으리이다 하니라_에 4:16

하나님, 에스더는 유다 백성을 죽이라는 조서가
반포된 것을 알고 백성을 구하기 위해
아하수에로왕 앞에 나아갈 것을 결심했습니다.
자기만 살려고 하지 않고 옳은 일을 하기로
마음먹은 에스더처럼, 하나님이 옳다고 하시고
하나님의 뜻이라고 생각되면 용기를 내기 원합니다.
________도 하나님이 원하시는 일을 위해
담대하게 말하고 행동할 줄 아는 사람이
되게 해 주세요. 결과는 하나님께 맡기고
믿음으로 행하는 사람이 되게 해 주시기를 원하며,
예수님의 이름으로 기도합니다. 아멘.

성경 인물을 만나요

에스더 4장을 읽고, 모르드개와 에스더의 용기에 대해 이야기해 보세요.

052

두려워하지 말라 내가 너와 함께함이라 놀라지 말라 나는 네 하나님이
됨이라 내가 너를 굳세게 하리라 참으로 너를 도와주리라 참으로 나의
의로운 오른손으로 너를 붙들리라_사 41:10

하나님, 이스라엘 백성을 택하여
그들이 당신을 드러내기를 원하셨던 것처럼
우리를 택해 주시니 감사합니다. 두려움이 생길 때
두려움을 걷어 주시고, 혼자라고 느낄 때 함께하시는
하나님을 만나게 해 주세요. 갑작스럽고
통제할 수 없는 일 앞에서 놀랄 때 하나님을
찾게 해 주세요. 우리를 굳세게 하시고, 도와주시며,
의로운 오른손으로 든든하게 붙잡아 주세요.
_____도 하나님이 인생의 주인이심을 믿고
용기를 얻는 하루가 되게 해 주세요.
예수님의 이름으로 기도합니다. 아멘.

성품 알아보기

너는 용기 있는 사람이니? 용기는 어렵고 무서운 일이 생겨도 잘
헤쳐 나가려는 마음이란다. 살아가는 동안 너는 혼자가 아니고, 주
변에 너를 도와줄 좋은 어른이나 친구가 있을 거야. 그 누구보다 하
나님께서 너와 함께해 주실 테니, 놀라지 말고 무서워하지 말렴. 알
았지?

053

여호와는 나의 빛이요 나의 구원이시니 내가 누구를 두려워하리요 여호와는 내 생명의 능력이시니 내가 누구를 무서워하리요_시 27:1

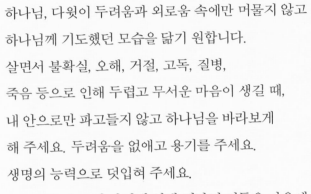

하나님, 다윗이 두려움과 외로움 속에만 머물지 않고
하나님께 기도했던 모습을 닮기 원합니다.
살면서 불확실, 오해, 거절, 고독, 질병,
죽음 등으로 인해 두렵고 무서운 마음이 생길 때,
내 안으로만 파고들지 않고 하나님을 바라보게
해 주세요. 두려움을 없애고 용기를 주세요.
생명의 능력으로 덧입혀 주세요.
_____도 그런 자리에 있게 된다면 어두운 마음에
빛을 비춰 주시고, 묶인 마음을 풀어 구원해 주세요.
예수님의 이름으로 기도합니다. 아멘.

일상 둘러보기
용기 있는 모습을 찾아요.
괴롭힘 당하는 친구를 돕고 싶을 때, 거절당할까 봐 다가가지 못할 때,
불확실한 미래를 헤쳐 나갈 수 있을까 의심스러울 때 우리는 용기를
낼 수 있을까요?

054

야곱아 너를 창조하신 여호와께서 지금 말씀하시느니라 이스라엘아 너를 지으신 이가 말씀하시느니라 너는 두려워하지 말라 내가 너를 구속하였고 내가 너를 지명하여 불렀나니 너는 내 것이라_사 43:1

하나님, 이사야 선지자를 통해서 당신을 배반한
이스라엘 백성을 버리지 않고 그들을 포로 생활에서
돌아오게 하셨음을 알게 됩니다. 백성을 용서하고
그들에게 자비를 베푸셨던 것처럼 우리에게도
그렇게 하시니 감사합니다. 우리를 지명해서 부르고
당신의 것이라고 하시니 든든합니다. 사는 동안
우리를 선택하고 지명해서 부르신 하나님,
우리의 주인 되신 하나님을 기억하며
용기를 내게 해 주세요. 두려워하지 않게 해 주세요.
_____도 하나님이 자기 인생의 주인이심을
믿고 살아가게 해 주세요.
예수님의 이름으로 기도합니다. 아멘.

일상 둘러보기
용기를 내지 못한 모습을 찾아요.

055

그런즉 이 일에 대하여 우리가 무슨 말하리요 만일 하나님이 우리를 위하시면 누가 우리를 대적하리요_롬 8:31

하나님, 하나님은 우리를 위하는

우리 편이라고 하시니 정말 감사합니다.

세상에 혼자인 것 같거나 나를 제외한 모두가

구원받은 것처럼 여겨질 때, 내가 바로 하나님께서

구원하려고 부르신 사람임을 깨닫게 해 주세요.

우리를 부르신 하나님께서 우리를 위해

당신의 전부와도 같은 예수님을 내어 주셨음을

기억하고 감사하게 해 주세요. _____ 도

우리를 위해 이 땅에 오신 예수님과 그분을 보내신

하나님께 감사하며 용기를 내게 해 주세요.

예수님의 이름으로 기도합니다. 아멘.

활동하기

작은 두려움 극복하기

평소에 두려워하는 일이 있나요? 평소에 피하던 일, 쑥스러워서 못 했던 것 하나를 정해서 일주일 동안 해 보세요. 신앙을 가진 사람은 두려움을 넘어서는 용기를 지닌 사람입니다. 어두운 길에서도 빛을 보는 사람입니다. 그 빛이 아무리 흐릿할지라도 용기를 내어 걸어가 볼까요?

056

너희는 마음을 강하게 하며 담대히 하고 앗수르 왕과 그를 따르는 온 무리로 말미암아 두려워하지 말며 놀라지 말라 우리와 함께하시는 이가 그와 함께하는 자보다 크니_대하 32:7

하나님, 히스기야왕은 믿음의 눈으로
앗수르와의 싸움을 바라보았습니다.
적이 아무리 많아도 하나님이 함께하며
도와주실 것을 믿었습니다. 개인이든 공동체든,
우리는 매일 여러 가지 싸움을 하게 됩니다.
우리도 히스기야처럼 믿음의 눈으로 세상을
바라보기 원합니다. 영적이고 실제적인 전투에서
우리를 도우시는 하나님을 바라보기 원합니다.
_____도 자신을 도와주시고, 대신해서 싸우시는
하나님을 경험적으로 알고, 믿게 해 주세요.
예수님의 이름으로 기도합니다. 아멘.

돌아보기

'용기'라는 성품을 돌아보고 글로 남겨요.

다윗의 아들 이스라엘 왕 솔로몬의 잠언이라 이는 지혜와 훈계를 알게
하며 명철의 말씀을 깨닫게 하며_잠 1:1-2

하나님, 솔로몬은 일상생활에 대한 통찰과
지혜를 담은 잠언을 지었습니다.
삶에 대한 짧고 지혜로운 글을 통해
우리를 하나님과 연결해 주시니 감사합니다.
잠언을 읽으면서 하나님을 믿는 믿음이
깊어지게 하시고, 창의적이고 영감 있는
솔로몬의 통찰을 통해 우리도 주님을 더 깊이
묵상하게 해 주세요. _____도 살면서
솔로몬처럼 지혜와 분별력이 있는 삶을
살게 해 주시기를 원합니다.
예수님의 이름으로 기도합니다. 아멘.

생각 나누기
'창의성'이 무엇인지 이야기해 보세요.

058

내가 유다 지파 훌의 손자요 우리의 아들인 브살렐을 지명하여 부르고
하나님의 영을 그에게 충만하게 하여 지혜와 총명과 지식과 여러 가지
재주로 정교한 일을 연구하여 금과 은과 놋으로 만들게 하며_출 31:2-4

하나님, 브살렐과 오홀리압을 불러서
당신의 성령으로 충만하게 한 후, 지혜와 총명과
지식과 여러 재주로 성막에서 사용할 물건을
만들게 하시니 감사합니다. 하나님께서 주신
예술적인 재능으로 하나님께 영광 돌렸던 그들처럼,
우리도 주신 재능이 무엇인지를 발견하고
하나님께 영광 돌리는 삶을 살게 해 주세요.
_____도 하나님께서 주신 달란트를 잘 계발해서
하나님과 사람을 위해 사용하게 해 주세요.
예수님의 이름으로 기도합니다. 아멘.

성경 인물을 만나요
출애굽기 36장 1-6절을 읽고, 브살렐과 오홀리압의 창의성에 대해
이야기해 보세요.

059

9주차: 창의성_ 새로운 것을 발견함 (057-063)

그날 예수께서 집에서 나가사 바닷가에 앉으시매 큰 무리가 그에게로 모여들거늘 예수께서 배에 올라가 앉으시고 온 무리는 해변에 서 있더니 예수께서 비유로 여러 가지를 그들에게 말씀하여 이르시되 씨를 뿌리는 자가 뿌리러 나가서_마 13:1-3

하나님, 예수님께서는 이 땅에서 하나님과
하나님 나라에 대해 가르칠 때 아주 적절한
비유를 통해 말씀하셨습니다. 일상과 연결해서
창의적이고도 쉽게 설명해 어려운 진리를
잘 알게 해 주셨던 예수님처럼, 우리도 자녀에게
하나님을 잘 설명할 수 있기 원합니다. 우리에게
지혜를 주셔서 말씀을 잘 가르치게 해 주세요.
_____도 창의적인 방식을 통해 진리를
더 쉽고 생생하게 배울 수 있게 인도해 주세요.
예수님의 이름으로 기도합니다. 아멘.

성품 알아보기

너는 창의성이 있는 편이니? 창의성은 문제를 해결하고 멋진 아이디어를 내도록 하는 능력을 말해. 우리는 하나님의 형상을 닮았어. 아무것도 없는 것에서 세상을 창조하신 하나님을 닮았기 때문에 우리도 지혜롭게 생각하고, 놀라운 상상력을 발휘해서 멋진 작품을 만들어 낼 수 있단다. 글을 쓰고, 그림을 그리고 만들며, 노래하고 춤을 추는 등 여러 가지 방면에서 창의성을 발휘해 보렴. 너는 어떤 것을 할 때 가장 좋으니? 무엇을 잘하니? 참 궁금하다.

060

은사는 여러 가지나 성령은 같고 직분은 여러 가지나 주는 같으며 또 사역은 여러 가지나 모든 것을 모든 사람 가운데서 이루시는 하나님은 같으니_고전 12:4-6

하나님, 우리가 당신을 다양한 은사와 재능을 통해
창의적으로 섬기게 하시니 감사합니다.
교회를 세우고 하나님 나라를 이루어 갈 때,
우리의 다양한 은사와 재능을 통해
한 분 하나님만을 섬기기 원합니다.
_____도 자기에게 주어진 은사를 발견하고
갈고 닦아서 하나님께 영광 돌리고
사람들을 유익하게 하는 사람이 되게 해 주세요.
예수님의 이름으로 기도합니다. 아멘.

일상 둘러보기

창의성이 드러난 모습을 찾아요.

당신은 창의성이 있는 사람인가요? 늘 하던 대로 하거나 남의 흉내만 내면서 사는 것은 아닌가 싶을지도 모르겠습니다. 실수해도 괜찮습니다. 실패해도 다시 도전하면 됩니다. 마음껏 해 봐야 창의성이 길러집니다. 서로에게 있는 창의적인 부분을 말해 주세요.

061

내가 주께 감사하옴은 나를 지으심이 심히 기묘하심이라 주께서 하시는
일이 기이함을 내 영혼이 잘 아나이다_시 139:14

하나님, 하나님께서 사람을 아주 신비롭고
놀랍게 창조하셨음을 알게 됩니다.
어머니의 자궁에서 우리를
경이롭게 창조하신 은혜에 감사합니다.
하나님의 형상을 닮되, 세상에 똑같은 사람이
한 명도 없도록 특별하게 지으신 하나님의 솜씨를
찬양합니다. 이 사실을 기억하며 자신을
더욱 사랑하는 우리가 되기 원합니다.
_____도 하나님께서 신비롭고 놀랍게
창조해 주신 자신을 귀하게 여기며
세상을 살아갈 수 있게 해 주세요.
예수님의 이름으로 기도합니다. 아멘.

일상 둘러보기
창의성을 발휘하지 못한 모습을 찾아요.

062

보라 내가 새 일을 행하리니 이제 나타낼 것이라 너희가 그것을 알지 못하겠느냐 반드시 내가 광야에 길을 사막에 강을 내리니_사 43:19

하나님, 이사야는 포로 생활을 하던 이스라엘
백성에게 소망의 메시지를 주면서, 하나님께서
예수님을 보내고 성령을 부어 주실 것을
예언했습니다. 우리도 절망과 고난, 어려움의 시기를
지날 때, 하나님께서 주시는 새로운 메시지, 소망이
담긴 말씀을 통해 힘을 얻게 해 주세요. 우리가
생각지도 못한 방식으로 회복시키실 하나님을
기대하게 해 주세요. _____도 하나님께서
행하실 새로운 일, 창의적인 방식으로 하실 일을
기대하며 매일을 살아가게 해 주세요.
예수님의 이름으로 기도합니다. 아멘.

활동하기
하나님을 찬양하는 노래나 시를 지어요.
우리의 창의성은 세상에서 최고로 창의적이신 하나님으로부터 나옵니다. 하나님과 깊이 만나고 하나님이 영감을 주실 때 우리는 창의적으로 생각하고 말할 수 있습니다. 우리의 손과 발이 하나님의 창의성을 드러내는 도구가 되기 원합니다. 만물을 창조하신 하나님을 닮아 창의적인 삶을 살게 되기 원합니다. 각자 노래나 시를 지어서 하나님을 찬양해 보세요.

063

그러나 여호와여, 이제 주는 우리 아버지시니이다 우리는 진흙이요 주는 토기장이시니 우리는 다 주의 손으로 지으신 것이니이다 _ 사 64:8

하나님, 토기장이이신 하나님께서 진흙인 우리를
토기로 빚어 주셨습니다. 하나님의 손이 닿자
우리는 저마다 아주 독특한 모습, 서로 다른 모양과
쓸모를 지닌 그릇이 되었습니다. 우리 한 사람,
한 사람을 저마다 독특하게 만들어 주신 하나님께
감사드립니다. 서로 비교하지 않고 각자의 고유성을
존중하게 해 주세요. _____도 자신이
깨지기 쉬운 연약한 자이지만 세상에
딱 하나밖에 없는 존재임을 기억하며, 자신을
하나님께 온전히 맡기고 순종하게 해 주세요.
예수님의 이름으로 기도합니다. 아멘.

돌아보기
'창의성'이라는 성품을 돌아보고 글로 남겨요.

구원,
값없이 받은 은혜의 삶

예수님께서는 자기 생명을 주심으로 죄의 상태에 있던 우리를 구원해 주셨습니다. 성경에서 구원은 어떻게 드러나고 있을까요?

구원은 죄로부터의 영적이고 추상적인 의미도 있지만(겔 37:23), 실제 삶에서 드러난 경우가 많았습니다. 즉, 하나님께서는 이집트에서 노예 생활을 하던 이스라엘을 구원해 주셨고(시 106:7-10), 이스라엘 백성이 회복되게 하셨습니다(겔 34:22). 거지 바디매오의 눈을 뜨게 하셔서 어두운 삶으로부터 구원하신 일(막 10:52)이나 갈릴리 바다의 폭풍을 잠잠하게 하셨던 일(마 8:25)도 있었습니다. 원수로부터 구해 주셨고(삼하 3:18), 병을 낫게 하셨으며(사 38:21; 마 14:36), 환난에서 건지신(렘 30:7) 경우도 많았습니다. 성경을 읽으면 구원이 아주 실감나게 다가오는 것을 깨닫게 됩니다.

한편, 구원은 순간에 일어나는 일처럼 보이기도 하지만 바울이 말했듯이 날마다 계속해서 이루어 가야 하는(빌 2:12) 일이기도 합니다. 예수님께서 영원히 죽을 우리를 죄로부터 구원해 주신 이후로 우리는 계속해서 구원을 이루어가고, 언젠가 구원이 완성될 것을 기대하며(롬 13:11; 벧전 1:5) 살게 됩니다.

3월에는 구원의 하나님 앞에서 날마다 값없이 받은 구원의 은혜를 누리면 좋겠습니다. 구원해 주신 은혜에 감사하며 변함없는 믿음으로 하루씩 성실하게 살아내는 겁니다. 시작해 볼까요?

하나님이 세상을 이처럼 사랑하사 독생자를 주셨으니 이는 그를 믿는
자마다 멸망하지 않고 영생을 얻게 하려 하심이라_요 3:16

하나님, 우리를 구원해 주셔서 감사합니다.
예수님께서는 우리를 사랑하여 이 땅에 오셨고,
우리를 구원함으로 영생을 얻게 하셨습니다.
우리를 죄의 종으로 살도록 그냥 두지 않고
하나님의 자녀가 되게 해 주시니 감사합니다.
죄로 인해 하나님과 멀어졌던 _____도
예수님을 마음에 받아들여서 하나님의 자녀가
되게 해 주세요. 우리를 구원하여
멸망하지 않게 해 주신 은혜에 감사드리며,
예수님의 이름으로 기도합니다. 아멘.

생각 나누기
'구원'이 무엇인지 이야기해 보세요.

다른 이로써는 구원을 받을 수 없나니 천하 사람 중에 구원을 받을 만한 다른 이름을 우리에게 주신 일이 없음이라 하였더라_행 4:12

하나님, 베드로와 요한은 공회 앞에서
예수님 외에 다른 것으로는
구원을 받을 수 없다고 말했습니다.
사도들이 예수님의 주님 되심을 선포하고,
구원은 오직 예수님으로만 받는다고 외친 것처럼
우리도 예수님의 복음을 전하게 해 주세요.
_____도 예수님을 자신의 구원자로
용감하게 외칠 수 있는 용기를 주세요.
예수님의 이름으로 기도합니다. 아멘.

성경 인물을 만나요

사도행전 4장을 읽고, 베드로와 요한이 구원을 누구에게, 무엇이라고 전했을지 이야기해 보세요.

> 너희는 그 은혜에 의하여 믿음으로 말미암아 구원을 받았으니 이것은
> 너희에게서 난 것이 아니요 하나님의 선물이라 행위에서 난 것이 아니
> 니 이는 누구든지 자랑하지 못하게 함이라_엡 2:8-9

하나님, 구원은 우리가 열심히 노력하거나 능력이

뛰어나서 받는 것이 아니라 하나님께서 거저 주시는

선물임을 깨닫게 하시니 감사합니다. 구원은

값없이 받는 선물, 노력하지 않고 받는 은혜이니

자랑하지 않기 원합니다. 또한 예수님을

구원자로 모셨음을 잊지 않고 하나님을 더욱

잘 섬기며, 이웃을 사랑하는 사람이 되기 원합니다.

_____도 주님이 주신 구원에 대해

자랑만 하지 않고 감사하는 사람이 되게 해 주세요.

예수님의 이름으로 기도합니다. 아멘.

성품 알아보기

우리는 죄를 지어서 하나님과 관계가 끊어져 있었어. 그때, 예수님
께서 십자가에 달려 흘리신 피로 인해 죄인인 우리는 죄로부터 구
원을 받고 하나님의 아들, 딸이 되었지. 구원은 노예나 죄의 상태에
서 구해 주는 것을 말한단다. 구원을 받는 비결은 오직 믿음, 믿음
뿐이야. 이스라엘 자손뿐 아니라 이방인을 포함해서 모든 사람이
구원을 받을 수 있어서 정말 감사하다. 그치?

네가 만일 네 입으로 예수를 주로 시인하며 또 하나님께서 그를 죽은 자 가운데서 살리신 것을 네 마음에 믿으면 구원을 받으리라_롬 10:9

하나님, 예수님을 우리의 주인이라고 고백하고
마음으로 믿으면 구원을 받는다고 하시니
감사합니다. 예수님이 우리 인생의 주인이심을
마음 깊이 고백합니다. 예수님을 우리 마음의
가장 중요한 자리에 모시고,
매 순간 예수님이 우리의 주인이심을
고백하는 삶을 살게 해 주세요.
_____도 예수님을 자기 인생의 주인으로
고백하고 믿게 해 주세요.
예수님의 이름으로 기도합니다. 아멘.

일상 둘러보기

하나님이 구원하신 모습을 찾아요.
하나님이 구원해 주신 사람들은 누구인가요? 하나님을 믿는 가족, 친구,
이웃을 떠올리며, 구원받은 사람으로서 잘 살아가도록 기도해요.

068

만일 우리가 우리 죄를 자백하면 그는 미쁘시고 의로우사 우리 죄를 사하시며 우리를 모든 불의에서 깨끗하게 하실 것이요_요일 1:9

하나님, 우리가 하나님께 죄를 자백하면 죄로부터
자유롭게 되어서 예수님과 교제하게 된다고 하시니
감사합니다. 오직 하나님만이 우리의 죄를 없애고
깨끗하게 하실 수 있습니다. 이 사실을 믿고
하나님께 죄를 고백하기 원합니다.
하나님은 우리가 이미 지은 죄를 용서하셨고,
앞으로도 용서해 주실 것을 믿습니다.
죄를 용서받은 후에는 하나님과 참된 교제를
나눌 수 있게 해 주세요.
_____도 진정으로 죄를 고백하고 용서받아
하나님과 동행하게 해 주세요.
예수님의 이름으로 기도합니다. 아멘.

일상 둘러보기
아직 구원을 모르는 모습을 찾아요.

069

그런즉 누구든지 그리스도 안에 있으면 새로운 피조물이라 이전 것은
지나갔으니 보라 새것이 되었도다_고후 5:17

하나님, 우리가 하나님 안에 있을 때
새로운 피조물이 된다고 하시니 감사합니다.
이전의 모습이나 삶에 묶여 있지 않게 하시고,
매일 하나님과 연합해서 살아가는
새로운 존재가 되게 해 주세요. 새 언약 안에서
새로운 영으로 하나님을 만나게 하시고,
공동체에서 새롭게 관계를 맺으며
성장하게 해 주세요. _____도 하나님을 만나서
새롭게 변화되어 새로운 눈으로 세상을 보고
인생을 살아가는 사람이 되게 해 주세요.
예수님의 이름으로 기도합니다. 아멘.

활동하기

합심해서 기도해요.
주변에 있는 사람 중에서 아직 하나님을 모르는 사람이 있다면 누구인
가요? 그들의 이름을 적고 합심해서 기도해요.

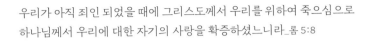

우리가 아직 죄인 되었을 때에 그리스도께서 우리를 위하여 죽으심으로
하나님께서 우리에 대한 자기의 사랑을 확증하셨느니라_롬 5:8

하나님, 우리가 착하거나 능력이 있어서가 아니라
죄인이기에 예수님을 보내 주셨다니,
놀랍고도 감사드립니다. 죄인인 우리를
먼저 사랑하여 죄를 없앤 후 함께하기를 원하셨던
하나님의 마음을 알기 원합니다.
우리를 향한 하나님의 사랑이
얼마나 크고 깊은지 모르겠습니다. _____도
그 크신 하나님의 사랑을 체험하게 하시고,
하나님과 동행하는 사람이 되게 해 주세요.
예수님의 이름으로 기도합니다. 아멘.

돌아보기
하나님의 '구원'을 돌아보고 글로 남겨요.

071

무슨 일을 하든지 마음을 다하여 주께 하듯 하고 사람에게 하듯 하지
말라_골 3:23

하나님, 우리에게 할 일을 주셔서 감사합니다.
이 땅에서 사는 동안 우리가 꼭 해야 할 일을 주시고,
그 일을 할 때는 하나님께 하듯이 최선을 다하게
해 주세요. 일상에서 주어진 일을 할 때,
하나님께 드릴 예배를 준비하듯이
삶으로 예배드리게 해 주세요. 무슨 일이든
하나님을 섬기듯이 최선을 다해서 하기 원합니다.
＿＿＿＿＿도 주어진 일을 할 때,
불평하거나 건성으로 하지 않고
성실하게 하는 사람이 되게 해 주세요.
예수님의 이름으로 기도합니다. 아멘.

생각 나누기
'성실'이 무엇인지 이야기해 보세요.

072

간수장이 옥중 죄수를 다 요셉의 손에 맡기므로 그 제반 사무를 요셉이 처리하고 간수장은 그의 손에 맡긴 것을 무엇이든지 살펴보지 아니하였으니 이는 여호와께서 요셉과 함께하심이라 여호와께서 그를 범사에 형통하게 하셨더라_창 39:22-23

하나님, 요셉은 비록 죄수의 신분이었지만
맡겨진 일에 최선을 다했습니다. 작은 일이라 해도
부지런하고 성실하게 했을 요셉처럼, 우리도
하나님께서 두신 자리에서 성실하게 최선을 다해서
일하기 원합니다. 하나님께서 함께해 주시고
모든 일을 형통하게 해 주세요.
_____도 최선을 다하게 하시고,
어떤 어려움 속에서도 건져 주실 하나님을
신뢰하게 해 주세요. 함께해 주시기를 바라며,
예수님의 이름으로 기도합니다. 아멘.

성경 인물을 만나요
창세기 39장을 읽고, 요셉이 어떤 일을 겪었는지 이야기해 보세요.
그는 성실하게 살았을까요?

073

그 주인이 이르되 잘하였도다 착하고 충성된 종아 네가 적은 일에 충성하였으매 내가 많은 것을 네게 맡기리니 네 주인의 즐거움에 참여할지어다 하고_마 25:21

하나님, 예수님께서 다시 오실 때까지
우리가 무엇을 하든지 성실하게
충성을 다하기 원합니다. 우리에게 주신 재능과
시간, 관계 등을 부지런히 사용해서
예수님 맞을 준비를 하기 원합니다.
우리가 작은 일부터 하나님을 잘 섬겨서
하나님의 즐거움에 함께할 수 있도록 인도해 주세요.
_____도 주님께서 허락하신 일을 통해 성실하게
주님을 섬기는 사람이 되게 해 주세요.
예수님의 이름으로 기도합니다. 아멘.

성품 알아보기
성실은 약속한 것을 잘 지키고, 정직하고 진실한 마음으로 행동하는 거야. 주어진 일을 열심히 하고, 도움이 필요한 사람이 있다면 친절하게 도와주는 거지. 약속했다면 지키려고 노력하고, 다른 사람에게 거짓말을 하거나 속이지 않아야 한단다. 너도 너 자신에게 부끄럽지 않게 행동하면서 다른 사람을 대할 때 성실할 수 있겠니?

충성된 사자는 그를 보낸 이에게 마치 추수하는 날에 얼음 냉수 같아서
능히 그 주인의 마음을 시원하게 하느니라_잠 25:13

하나님, 충성되고 신실해서

믿을 만한 직원을 둔 주인은

마음이 편안하고 좋을 것이라고 하셨습니다.

우리도 하나님 앞에서 충성된 사람,

말한 대로 행동하는 믿음직한 사람이 되기 원합니다.

_____도 인생의 주인이신 하나님 앞에서

신실하고 믿음직한 종이 되어서 하나님의 마음을

시원하게 해 드리는 사람이 되게 해 주세요.

예수님의 이름으로 기도합니다. 아멘.

일상 둘러보기

성실한 모습을 찾아요.

'성실' 하면 떠오르는 일이 있나요? 성실한 사람은요? 자기 자신은 물론
하나님 앞에서 성실하게 살아가는 사람을 떠올린 후, 그 사람에게서
무엇을 본받고 싶은지 이야기해 보세요.

075

정직한 자의 성실은 자기를 인도하거니와 사악한 자의 패역은 자기를 망하게 하느니라_잠 11:3

하나님, 정직한 사람은 성실한 태도로 살아서
인생의 길을 잃지 않으나, 사악한 사람은
속임수를 쓰다가 망한다는 솔로몬의 말을
마음에 새기기 원합니다.
솔로몬의 조언을 마음에 새겨 성실하고
정직하게 살아가기 원합니다. 길을 잃지 않고
하나님을 향해 나아가는 우리가 되게 해 주세요.
_____도 정직하고 성실하게 자기에게 주어진
일을 해내는 사람이 되게 해 주세요.
예수님의 이름으로 기도합니다. 아멘.

일상 둘러보기
성실하지 않은 모습을 찾아요.

너는 진리의 말씀을 옳게 분별하며 부끄러울 것이 없는 일꾼으로 인정된 자로 자신을 하나님 앞에 드리기를 힘쓰라_딤후 2:15

하나님, 우리의 삶을
하나님의 말씀 위에 곧추세우기 원합니다.
말씀에 비추어 볼 때 부끄러움이 없는
일꾼이 되고 싶습니다. 우리 자신을 온전히
하나님께 드리려고 애쓰는 사람이 되기 원합니다.
_____도 하나님이 주신 말씀 위에
든든히 서게 하시고, 말씀을 근거로
분별하는 사람이 되게 해 주세요.
하나님의 말씀을 꾸준히 연구하고
부지런히 읽는 사람이 되기를 원하며,
예수님의 이름으로 기도합니다. 아멘.

활동하기
성실 미션 완수하기
일주일 동안 성실하게 할 일(운동, 집안일, 큐티, 책상 정리 등)을 정해 보세요.
성실하게 날마다 기도 가운데 하면서 달력에 체크해 보세요. 일주일
후에 가장 잘한 사람에게 선물이나 칭찬 박수를 해 주세요.

077

끝으로 형제들아 무엇에든지 참되며 무엇에든지 경건하며 무엇에든지 옳으며 무엇에든지 정결하며 무엇에든지 사랑받을 만하며 무엇에든지 칭찬받을 만하며 무슨 덕이 있든지 무슨 기림이 있든지 이것들을 생각하라
_빌 4:8

하나님, 바울은 우리에게 무엇에든지 참되고
경건하며, 옳고 정결한 마음을 가지라고 합니다.
또한 사랑받고 칭찬받을 만하며,
덕스러운 생각을 하라고 합니다.
우리의 마음에 해로운 것을 넣어 두지 않고
유익한 것을 두기 원합니다. 무엇보다 우리 생각을
하나님의 말씀으로 채워서 좋고 유익한 것을
말과 행동으로 드러내게 해 주세요.
_____도 말씀을 가까이 해서
하나님이 좋아하실 것으로 생각을 채우기 원하며,
예수님의 이름으로 기도합니다. 아멘.

돌아보기

'성실'이라는 성품을 돌아보고 글로 남겨요.

078

예수 그리스도는 어제나 오늘이나 영원토록 동일하시니라_히 13:8

하나님, 우리는 상황이나 주변 사람들의
영향을 받아서 생각이나 감정,
결정을 바꾸곤 합니다. 반면 예수님은 한결같아서
어제나 오늘이나 영원토록 동일하시니
우리가 신뢰할 만합니다. 변함이 없으신 예수님을
우리에게 보내 주셔서 감사합니다.
우리도 한결같으신 예수님을 보면서
그와 같은 사람이 되게 해 주세요.
_____도 변함이 없으셔서 믿고 따를 만한
예수님을 본받게 해 주세요.
예수님의 이름으로 기도합니다. 아멘.

생각 나누기
'일관성'이 무엇인지 이야기해 보세요.

다니엘은 뜻을 정하여 왕의 음식과 그가 마시는 포도주로 자기를 더럽히지 아니하리라 하고 자기를 더럽히지 아니하도록 환관장에게 구하니_단 1:8

하나님, 다니엘은 바벨론 왕이 주는 음식을
먹지 않기로 뜻을 정했습니다.
이방인들의 문화를 받아들이지 않겠다는 의지와
하나님의 백성이라는 정체성을 지키려는
다니엘의 굳은 결심을 보게 해 주시니 감사합니다.
우리도 살면서 성경에서 허락하지 않은 행동을
요구받을 때, 말씀을 기준으로 결단하고
마음을 정해서 지키기 원합니다.
_____도 하나님의 말씀에 순종하고
일관성 있게 믿음을 지키는 사람이 되게 해 주세요.
예수님의 이름으로 기도합니다. 아멘.

성경 인물을 만나요
다니엘 1장을 읽고, 다니엘은 어떤 사람이었는지 이야기해 보세요.
그가 일관성 있게 한 일은 무엇인가요?

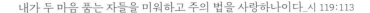

내가 두 마음 품는 자들을 미워하고 주의 법을 사랑하나이다_시 119:113

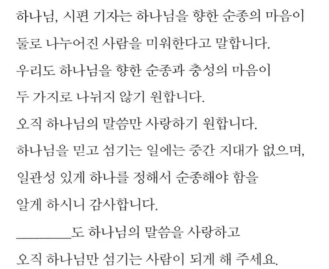

하나님, 시편 기자는 하나님을 향한 순종의 마음이
둘로 나누어진 사람을 미워한다고 말합니다.
우리도 하나님을 향한 순종과 충성의 마음이
두 가지로 나뉘지 않기 원합니다.
오직 하나님의 말씀만 사랑하기 원합니다.
하나님을 믿고 섬기는 일에는 중간 지대가 없으며,
일관성 있게 하나를 정해서 순종해야 함을
알게 하시니 감사합니다.
_____도 하나님의 말씀을 사랑하고
오직 하나님만 섬기는 사람이 되게 해 주세요.
예수님의 이름으로 기도합니다. 아멘.

성품 알아보기
일관성은 과거, 현재, 미래에 한결같이 변하지 않는 것을 말해. 성
경의 하나님이나 예수님, 성령님이 변함없으신 분이지. 하나님의
말씀이나 하나님의 뜻, 하나님이 변함이 없으시기 때문에 우리는
하나님을 믿을 때 안정감을 느끼고 신뢰할 수 있단다. 너도 일관성
있는 사람이 되고 싶니? 그렇다면 하나님의 말씀을 읽으렴. 하나님
의 말씀을 암송하거나 하나님을 찬양하는 노래를 들어도 좋아. 그
런 것들이 너를 변함없으신 하나님을 닮게 해 줄 거야.

온갖 좋은 은사와 온전한 선물이 다 위로부터 빛들의 아버지께로부터 내려오나니 그는 변함도 없으시고 회전하는 그림자도 없으시니라
_약 1:17

하나님, 변함이 없으신 하나님께서는
온갖 좋은 선물과 은혜를 주십니다.
이랬다저랬다 하거나
겉과 속이 다르지 않으신 하나님처럼 우리도
변함없고 한결같은 성품을 갖게 해 주세요.
_____도 주님 안에서 변덕스럽거나
속임수를 쓰지 않고 한결같은
사람이 되기를 원하며,
예수님의 이름으로 기도합니다. 아멘.

일상 둘러보기

일관성 있는 모습을 찾아요.

늘 한결같은 사람이 있나요? 하나님처럼은 아니지만, 이랬다저랬다 하지 않고 한결같은 사람이 있을 거예요. 일관성 있게 일을 처리하고 마음을 잘 다스리는 사람이 있다면 누구인지 말해 보세요.

너희는 이 세대를 본받지 말고 오직 마음을 새롭게 함으로 변화를 받아 하나님의 선하시고 기뻐하시고 온전하신 뜻이 무엇인지 분별하도록 하라
_롬 12:2

하나님, 세상의 이기적이고 부패한 문화를
따르지 않기 원합니다. 새 마음으로 변화를 받아서
하나님의 선하고 온전하신 뜻을
분별할 수 있게 해 주세요. 타락한 세상 속에서도
하나님의 말씀을 받아들여서 변화되게 하시고,
하나님의 뜻을 살피며 우리가 가야 할 방향을
잡게 해 주세요. _____도 교만하고 이기적이며
완악한 마음을 버리고 온전히 주님의 뜻을 구하며
잘 구별하는 사람이 되게 해 주세요.
예수님의 이름으로 기도합니다. 아멘.

일상 둘러보기
일관성이 없는 모습을 찾아요.

083

오직 너희 말은 옳다 옳다, 아니라 아니라 하라 이에서 지나는 것은 악
으로부터 나느니라_마 5:37

하나님, 예수님 당시에는 일반적으로 맹세를 했는데,
예수님은 맹세하지 말라고 하셨습니다.
말만 해도 충분하니, 그저 '그렇다',
'아니다'라고만 하라고 하셨습니다.
계약서에 서명을 하고도 속고 속이는
오늘날의 사람들이 의아하게 여길 말씀입니다.
그러나 예수님께서는 증거를 댈 필요가 없을 정도로
진실하게 말하고 지키라고 하셨으니,
그렇게 하기 원합니다. _____도 일관성을 가지고
진실하게 말하고 지키는 사람이 되기를 원하며,
예수님의 이름으로 기도합니다. 아멘.

활동하기

일관성 게임

가족이 일관성 있게 지키고 싶은 것을 규칙으로 정해요. 일주일 동안 지
켜 보는 거예요. 예를 들어, 잠을 자기 전에 오늘 만난 사람을 위해 기도
하기, 출근하거나 등교하기 전에 꼭 허그 하기, 방문을 열기 전에 꼭 노
크하기 등 뭐든지 좋아요. 가족의 좋은 습관으로 자리 잡기 원하는 것
을 정해서 지켜 보세요.

> 여호와여 주의 율례들의 도를 내게 가르치소서 내가 끝까지 지키리이다
> 나로 하여금 깨닫게 하여 주소서 내가 주의 법을 준행하며 전심으로 지
> 키리이다 나로 하여금 주의 계명들의 길로 행하게 하소서 내가 이를 즐
> 거워함이니이다 _시 119:33-35

하나님, 하나님께서 가르쳐 주신 말씀을
지키기 원합니다. 말씀의 의미를 깨닫게 하셔서,
그 말씀을 지켜 행하고
말씀이 제시하는 길로 나아가게 해 주세요.
먼저 부모인 우리가 진리의 말씀을 알고
주님께서 말씀하시는 대로 순종하게 해 주세요.
주님이 인도하시는 말씀의 길로 가게 해 주세요.
_____도 지혜로 가득한 길, 하나님께서 주신
말씀의 길로 걸어가는 사람이 되게 해 주세요.
예수님의 이름으로 기도합니다. 아멘.

돌아보기
'일관성'이라는 성품을 돌아보고 글로 남겨요.

085

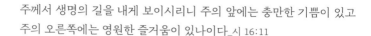

주께서 생명의 길을 내게 보이시리니 주의 앞에는 충만한 기쁨이 있고
주의 오른쪽에는 영원한 즐거움이 있나이다_시 16:11

하나님, 생명의 길로 걷게 하시고
기쁨이 가득한 얼굴을 보게 하시니 감사합니다.
영원한 즐거움을 지닌 채로
주님과 함께하기 원합니다.
우리가 더욱 주님과 함께하며
생명, 기쁨, 즐거움을 체험하게 해 주세요.
_____도 하나님의 생명을 맛보게 해 주세요.
주님의 얼굴 앞에서 기쁨이 가득하게 해 주세요.
영원한 즐거움을 누리게 해 주세요.
예수님의 이름으로 기도합니다. 아멘.

생각 나누기
'기쁨'이 무엇인지 이야기해 보세요.

> 마리아가 이르되 내 영혼이 주를 찬양하며 내 마음이 하나님 내 구주를 기뻐하였음은 그의 여종의 비천함을 돌보셨음이라 보라 이제 후로는 만세에 나를 복이 있다 일컬으리로다_눅 1:46-48

하나님, 마리아는 하나님을 찬양하고
춤추며 노래했습니다. 우리도 마리아처럼 하나님을
찬양하고 기뻐하기 원합니다. 하나님 앞에서
가장 복된 사람이라고 고백하기 원합니다.
마리아가 하나님께서 행하신 일을 기억하며
영원토록 잊지 않겠다고 했듯이,
우리도 하나님이 하신 일을 기억하게 해 주세요.
_____도 하나님 앞에서 기뻐하며
춤추고 찬양하는 사람이 되게 해 주세요.
하나님만을 높여 드리는 삶을 살기 원합니다.
예수님의 이름으로 기도합니다. 아멘.

성경 인물을 만나요
누가복음 1장 46-56절을 읽고, 마리아가 이런 노래를 부른 이유를
생각해서 이야기해 보세요.

087

주 안에서 항상 기뻐하라 내가 다시 말하노니 기뻐하라_빌 4:4

하나님, 바울은 감옥에 갇힌 상태에서
빌립보교회의 교인을 향해
항상 기뻐하라고 말했습니다. 외부 환경에 의해서
내면의 고백이 좌우되지 않는다는 것을 알게 하시니
감사합니다. 기쁨은 오직 하나님으로부터 오며,
예수님과 함께할 때 누리게 된다는 것을
알게 됩니다. 예수님께서 재림하실 때 우리는
기쁨을 온전히 누리게 될 것을 믿습니다.
_____도 언제, 어디서나 예수님께서 함께하시는
기쁨을 누릴 수 있게 해 주세요.
예수님의 이름으로 기도합니다. 아멘.

성품 알아보기

너는 언제 기쁘니? 선물을 받거나 맛있는 음식을 먹을 때니? 네가 원하던 성적을 얻거나 친구에게 칭찬받았을 때니? 맞아. 그럴 때 기쁘지. 그런데 성경에서 말하는 기쁨은 하나님이 주시는 변함없는 만족과 평안함 가운데 느끼는 기쁨이란다. 상황이나 환경의 변화에 흔들리지 않고, 하나님이 주시는 안정감 속에서 기뻐하는 거야. 예수님 안에 뿌리내릴 때, 너도 마음 깊은 곳에서 흘러나오는 기쁨이 무엇인지 알게 된단다.

그의 노염은 잠깐이요 그의 은총은 평생이로다 저녁에는 울음이 깃들일지라도 아침에는 기쁨이 오리로다_시 30:5

하나님, 진노가 주는 아픔은 잠깐이고,
하나님이 주시는 은혜는 평생 지속된다고 하시니
감사합니다. 잠시 슬픔의 눈물을 흘릴지라도
얼마 지나지 않아서 기쁨을 누리게 하실 것을
믿고 기대합니다. 하나님의 진노로 인해
죄를 깨닫게 하시고, 그 후에 주시는 은혜를
누릴 수 있게 해 주세요. _____도 하나님의
진노와 은혜를 경험하며 자신을 돌아보고
감사할 줄 아는 사람이 되게 해 주세요.
예수님의 이름으로 기도합니다. 아멘.

일상 둘러보기
기쁜 모습을 찾아요.

089

내 속에 근심이 많을 때에 주의 위안이 내 영혼을 즐겁게 하시나이다
_시 94:19

하나님, 시편 기자는 마음이 상해서
어쩔 줄 모를 때, 하나님께서 자신을 위로하고
달래 주셨다고 했습니다. 우리도 마음이 상할 때,
당황할 때, 하나님을 만나기 원합니다.
우리의 불안과 분노, 속상함을 말하기도 전에
하나님께서 위로해 주실 것을 믿습니다.
우리를 달래 주시는 하나님을 만나기 원합니다.
_____도 마음이 상했을 때, 하나님의 위로를
경험하게 해 주세요. 마음에 근심이 가득할 때,
하나님이 만나서 달래 주세요.
예수님의 이름으로 기도합니다. 아멘.

일상 둘러보기
기쁘지 않은 모습을 찾아요.

눈물을 흘리며 씨를 뿌리는 자는 기쁨으로 거두리로다 울며 씨를 뿌리러 나가는 자는 반드시 기쁨으로 그 곡식 단을 가지고 돌아오리로다
_시 126:5-6

하나님, 시편 기자는 이스라엘 백성이 포로 생활에서
돌아온 것을 기뻐하면서 이 시를 썼을 것입니다.
죄의 포로였던 우리도 해방되게 하시니 감사합니다.
해방되었을 뿐 아니라 하나님의 자녀가 되어
기쁨을 누리게 하시니 더욱 감사드립니다.
앞으로도 절망 속에서 씨를 심을 이들이
기쁨으로 추수하게 될 것을 믿습니다.
_____도 누릴 수 있는 가장 큰 기쁨인
구원의 기쁨을 누리게 해 주세요.
예수님의 이름으로 기도합니다. 아멘.

활동하기
사진 찍기
핸드폰에서 사람들이 기뻐하는 모습으로 찍은 사진을 찾아보세요. 인터넷에서도 찾아보고요. 진정한 기쁨은 무엇일까요? 당신은 언제 기쁜지, 가족들은 언제 기뻐하는지 나누어 보세요. 그리고 오늘 가족의 모습을 기쁨을 주제로 하여 사진으로 남겨 보세요.

091

우리가 보고 들은 바를 너희에게도 전함은 너희로 우리와 사귐이 있게
하려 함이니 우리의 사귐은 아버지와 그의 아들 예수 그리스도와 더불
어 누림이라 우리가 이것을 씀은 우리의 기쁨이 충만하게 하려 함이라
_요일 1:3-4

하나님, 우리에게 성도들과 교제하게 하시니
감사합니다. 우리끼리만이 아니라 하나님,
예수님과 함께하면서 그 안에서 커다란 기쁨을
얻게 하시니 더욱 감사합니다.
하나님의 말씀에 기초해서 서로 사귀며,
날마다 성령을 통해 더욱 성장하기 원합니다.
_____가 예수님과 생생하게 교제하게 하시고,
주님을 더욱더 친밀하게 만나게 해 주세요.
예수님의 이름으로 기도합니다. 아멘.

돌아보기
'기쁨'이라는 성품을 돌아보고 글로 남겨요.

용서,
잘못을 용납하는 삶

용서는 잘못한 것을 너그러운 마음으로 받아들이거나 면제해 주는 것을 말합니다. 하나님께서 먼저 당신과 맺은 언약을 어긴 사람을 용서하셨습니다. 예수님의 십자가 죽음을 통해(골 1:22) 우리를 먼저 용서하셨습니다. 우리는 이 사실에 근거해서 하나님께 감사하게 됩니다.

또한 예수님은 우리가 다른 사람의 잘못을 용서할 때, 하늘에 계신 하나님도 우리를 용서하신다고 하셨습니다(마 6:14-15). 우리를 미워하거나 우리에게 상처를 준 사람을 용서하기는 어렵습니다. 하지만 우리를 먼저 용서하신 주님을 떠올리며 그 사람을 용서하기로 결정해야 합니다. 이는 세상 사람들이 이해할 수 없는 태도로서 그리스도인만이 알고 행하는 삶의 방식입니다.

그렇다면 용서받은 사람은 실제 삶에서 어떻게 살아갈까요? 하나님의 용서를 받은 사람은 자기가 용서받은 만큼 하나님을 사랑하게 됩니다(눅 7:36-50). 죄책감에서 해방되어 하나님을 자유롭게 섬길 수 있게 됩니다. 물론 그렇게 용서받은 그리스도인이라 해도 다시 죄를 지으면 죄책감에 빠지게 되며, 그럴 때마다 하나님 앞에서 죄를 고백해야 합니다(요일 1:5-2:1). 죄를 고백할 때 우리를 용서해 주시고, 모든 불의에서 우리를 깨끗하게 해 주시는(요일 1:9) 주님을 믿으면서 말입니다.

4월에는 용서의 하나님을 만나며, 다른 사람의 잘못을 용납하는 용서의 삶을 살아 봅니다. 서로 공감하고 존중하며 헌신하는 승리의 삶이 이어지기를 소망해 봅니다.

092

14주차: 용서_ 잘못을 품고 덮어 줌(092-098)

너희가 사람의 잘못을 용서하면 너희 하늘 아버지께서도 너희 잘못을
용서하시려니와 너희가 사람의 잘못을 용서하지 아니하면 너희 아버지
께서도 너희 잘못을 용서하지 아니하시리라_마 6:14-15

하나님, 다른 사람의 잘못을 용서하지 않으면
하나님도 우리의 잘못을 용서하지 않으신다는
말씀을 마음에 새기겠습니다. 사람들이 우리에게
잘못한 것이 있을 때, 그것을 마음에 두고
앙갚음하지 않게 해 주세요. 용서하고,
또 용서하라고 하시지만, 우리는 그렇게 하기가
어렵습니다. 그럴 때마다 하나님께서 우리의 잘못을
용서해 주신 것을 기억하게 해 주세요.
_____도 하나님께서 용서해 주신 것처럼
다른 사람을 용서하는 사람이 되게 해 주세요.
예수님의 이름으로 기도합니다. 아멘.

생각 나누기
'용서'가 무엇인지 이야기해 보세요.

093

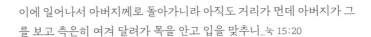

이에 일어나서 아버지께로 돌아가니라 아직도 거리가 먼데 아버지가 그
를 보고 측은히 여겨 달려가 목을 안고 입을 맞추니_눅 15:20

하나님, 잃은 아들을 되찾은 아버지가 아들을 안으며

아들이 저지른 잘못을 용서하듯이

우리를 용서해 주시니 감사합니다.

우리가 어떤 잘못을 하더라도 따스하고 변함없이

용서해 주시는 하나님께로 돌아가기 원합니다.

우리가 저지른 잘못을 회개하고 용서받은 것처럼,

우리도 다른 사람을 용서하게 해 주세요.

_____도 하나님께 자신의 죄를 말하고

용서받는 사람이 되기를 원하며,

예수님의 이름으로 기도합니다. 아멘.

성경 인물을 만나요
누가복음 15장 11-32절을 읽고, 아버지와 맏아들과 둘째 아들에
대해 이야기해 보세요.

너희는 스스로 조심하라 만일 네 형제가 죄를 범하거든 경고하고 회개
하거든 용서하라 만일 하루에 일곱 번이라도 네게 죄를 짓고 일곱 번 네
게 돌아와 내가 회개하노라 하거든 너는 용서하라 하시더라_눅 17:3-4

하나님, 형제가 죄를 지으면 경고하고,

회개하면 용서하라고 하신 말씀대로 살기 원합니다.

형제가 잘못하는 것을 보면 바로잡아 줄 수 있게

해 주세요. 그리고 자기 잘못을 뉘우치면

꼭 용서할 수 있게 해 주세요.

만일 형제가 하루에 일곱 번을 잘못하더라도

미안하다고 하면, 그럴 때마다 용서하기 원합니다.

_____도 형제를 용서하면서

점점 더 용서하는 마음이 크고 넓어지게 해 주세요.

예수님의 이름으로 기도합니다. 아멘.

성품 알아보기

용서는 하나님께서 인간의 죄를, 인간관계에서 상대방이 잘못한
것을 벌하지 않고 덮어 주는 것을 말해. 하나님은 우리를 사랑하여
우리의 죄를 용서함으로 하나님과의 관계가 회복되게 해 주셨어.
아울러 하나님은 사람들끼리도 하나님으로부터 죄를 용서받은 것
처럼 서로 잘못한 것을 용서하라고 하셨단다. 너도 용서를 통해 얻
는 자유와 평안함을 누릴 수 있으면 좋겠다.

서서 기도할 때에 아무에게나 혐의가 있거든 용서하라 그리하여야 하
늘에 계신 너희 아버지께서도 너희 허물을 사하여 주시리라 하시니라
_막 11:25

하나님, 하나님께서는 우리에게 잘못한 사람을
용서하라고 하셨는데, 그리기가 힘듭니다.
우리는 받은 대로 갚거나 더 심하게
앙갚음하고 싶을 때도 있습니다.
그러나 우리에게 잘못한 사람을 용서해야
우리의 잘못도 용서해 주신다고 한 것을
기억하겠습니다. 우리에게 잘못한 사람을
사랑할 수 있는 마음을 주시고,
원한을 품지 않고 용서할 수 있게 해 주세요.
_____도 자기에게 잘못한 사람을 위해서
기도하며 사랑할 수 있는 마음을 허락해 주세요.
예수님의 이름으로 기도합니다. 아멘.

일상 둘러보기
용서하는 모습을 찾아요.
도저히 용서할 수 없는 사람이 있나요? 또는 용서받지 못할 줄 알았는
데 용서받은 경험이 있나요? 당신의 일상에서 용서하고 용서받은 일을
생각해서 이야기해 보세요.

096

내 사랑하는 자들아 너희가 친히 원수를 갚지 말고 하나님의 진노하심
에 맡기라 기록되었으되 원수 갚는 것이 내게 있으니 내가 갚으리라고
주께서 말씀하시니라_롬 12:19

하나님, 누군가가 우리를 괴롭히고 힘들게 하면
우리도 똑같이 해 주고 싶습니다.
받은 만큼 갚아 주고 싶습니다.
하지만 바울은 우리가 직접 원수를 갚지 말고,
하나님께 맡기라고 합니다. 원수를 갚는 것은
우리가 할 일이 아니기 때문입니다.
원수에 대해서는 하나님께서 마음대로 하시도록
맡겨 드립니다. _____도 억울하고 힘든 일을
하나님께 말씀드리고, 하나님께서 알아서
해 주시도록 기도하는 사람이 되게 해 주세요.
예수님의 이름으로 기도합니다. 아멘.

일상 둘러보기
용서하지 않는 모습을 찾아요.

097

서로 친절하게 하며 불쌍히 여기며 서로 용서하기를 하나님이 그리스도 안에서 너희를 용서하심과 같이 하라_엡 4:32

하나님, 용서하라고 가르쳐 주신 대로 서로를
친절하게 대하고 불쌍히 여기며 용서하기 원합니다.
예수님께서 우리를 용서해 주셨던 것처럼
우리도 다른 사람을 용서하기 원합니다.
_____도 자비로운 하나님께서
우리를 용서하신 것을 늘 기억하며 살게 해 주세요.
세상 사람들이 하는 대로 용서하지 않거나
앙갚음하는 것이 아니라, 하나님의 방식대로
용서하는 사람으로 자라게 해 주세요.
예수님의 이름으로 기도합니다. 아멘.

활동하기
용서하지 못할 사람 용서하기
용서는 우리에게 해를 끼친 사람에게 주는 선물일 뿐 아니라 우리 자신에게 주는 선물이에요. 우리 마음이 용서하지 못한 채로 묶이지 않고 자유로워지기 때문이에요. 우리가 다른 사람을 용서할 수 있는 이유는 우리가 바로 하나님께 용서받은 사람이기 때문이랍니다. 보드 마커(물로 지워지는 필기구)로 손바닥에 용서하지 못한 사람의 이름을 쓴 다음 그 사람과 자신을 위해 기도하고 손을 깨끗하게 씻어요.

098

이에 예수께서 이르시되 아버지 저들을 사하여 주옵소서 자기들이 하는 것을 알지 못함이니이다 하시더라 그들이 그의 옷을 나눠 제비 뽑을 새_눅 23:34

하나님, 예수님께서는 당신을 죽게 만든 사람들을
용서해 달라고 하셨습니다. 유대의 지도자,
로마의 정치인, 군인, 구경꾼들을 용서하고
구원의 길을 보여 주신 것입니다.
우리도 아무 죄가 없는 예수님이 모두의 죄를 지고
돌아가시는 일에 동참한 사람입니다.
큰 죄를 지은 우리를 용서하고 구원해 주시니
감사합니다. _____도 예수님의 용서를 깊이
경험하고 주님과 함께하는 사람이 되게 해 주세요.
예수님의 이름으로 기도합니다. 아멘.

돌아보기

'용서'라는 성품을 돌아보고 글로 남겨요.

099

모든 겸손과 온유로 하고 오래 참음으로 사랑 가운데서 서로 용납하고
_엡 4:2

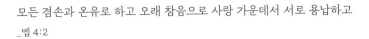

하나님, 바울은 감옥에 갇힌 상태에서
에베소교회의 교인을 향해 겸손하고 온유하며,
사랑 안에서 서로를 이해하라고 말합니다.
우리도 하나님을 믿을 때 겸손하고 절제하며,
하나님께서 부르신 소명대로 길을 가기 원합니다.
또한 서로 다름을 존중하고, 서로 이해하기 어려운
부분을 받아들이려고 노력하기 원합니다.
_____도 자신과는 다른 생각이나 방식으로
살아가는 사람을 존중하고
이해하며 받아들이게 해 주세요.
예수님의 이름으로 기도합니다. 아멘.

생각 나누기
'존중'이 무엇인지 이야기해 보세요.

룻이 이르되 내게 어머니를 떠나며 어머니를 따르지 말고 돌아가라 강권하지 마옵소서 어머니께서 가시는 곳에 나도 가고 어머니께서 머무시는 곳에서 나도 머물겠나이다 어머니의 백성이 나의 백성이 되고 어머니의 하나님이 나의 하나님이 되시리니_룻 1:16

하나님, 룻은 이스라엘로 돌아가는

시어머니를 따라서 가겠다고 결정하고

자기가 태어난 나라를 떠나기로 했습니다.

룻이 시어머니를 존중하고

그가 믿는 하나님을 섬기기로 결정을 내렸던 것처럼,

우리도 선택의 순간에 잘 결정하기 원합니다.

하나님을 믿고, 하나님을 믿는 분들을

존중하는 쪽으로 잘 선택하게 해 주세요.

_____도 결정을 내려야 할 때,

하나님을 믿는 믿음으로 사람들을 존중하면서

잘 선택할 수 있는 지혜를 주세요.

예수님의 이름으로 기도합니다. 아멘.

성경 인물을 만나요

룻기 1장을 읽고, 나오미와 룻이 서로를 어떻게 대했는지 이야기해 보세요.

101

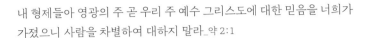

내 형제들아 영광의 주 곧 우리 주 예수 그리스도에 대한 믿음을 너희가
가졌으니 사람을 차별하여 대하지 말라_약 2:1

하나님, 야고보는 사람을 차별하지 말라고 합니다.

예수님을 믿는 사람들은 사람을 대할 때

부와 지위, 학식이나 서열 등에 따라

차별해서는 안 된다는 말입니다.

우리도 사람을 대할 때 하나님께서 당신의 형상대로

지은 피조물로 서로를 존중하게 해 주세요.

_____도 사람을 빈부귀천, 남녀노소, 장애 유무에

상관없이 대하셨던 예수님처럼

사람을 차별하지 않게 해 주세요.

예수님의 이름으로 기도합니다. 아멘.

성품 알아보기

존중은 상대방을 높여서 귀하게 대하는 것을 말해. 성경은 사람을
대할 때 존중하라고 하는데, 사람은 하나님의 형상대로 창조되어
그 자체로 존중해야 하기 때문이야. 사람을 대할 때는 그 사람 속에
하나님이 두신 좋은 것을 보려고 해 보렴. 너는 다른 사람을 너보다
낮게 여기는 태도로 대하고 있니?

형제들아 너희가 자유를 위하여 부르심을 입었으나 그러나 그 자유로
육체의 기회를 삼지 말고 오직 사랑으로 서로 종노릇하라_갈 5:13

하나님, 바울은 우리에게 허락된 자유로
죄를 짓지 말고 사랑으로 섬기라고 합니다.
자유를 위해 우리를 부르시니 감사합니다.
우리에게 주신 자유로 죄를 짓거나
상대방 위에 군림하지 않고
다른 이들을 사랑하며 섬기게 해 주세요.
_____도 죄의 종이 되지 않게 하시고,
하나님께서 원하시는 일을 하게 해 주세요.
예수님의 이름으로 기도합니다. 아멘.

일상 둘러보기

존중하는 모습을 찾아요.

존중은 우리가 사람들과 관계를 맺을 때 가장 먼저 가져야 하는 태도
예요. 사람은 존재 자체만으로도 존중받을 가치가 있답니다. 다른 사
람을 존중하는 근거는 바로 하나님께서 사람을 당신의 형상대로 지으
셨기 때문이에요. 우리 주변에서 존중해야 할 사람을 찾아서 이야기해
보세요.

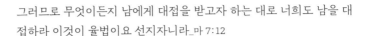

그러므로 무엇이든지 남에게 대접을 받고자 하는 대로 너희도 남을 대접하라 이것이 율법이요 선지자니라_마 7:12

하나님, 예수님께서는 다른 사람에게
대접받고 싶은 대로 남을 대접하라고 하셨습니다.
남들이 해 주기를 바라는 대로 남에게 해 주라는
말씀이었습니다. 먼저, 우리에게 다른 사람이
해 주기를 원하는 것이 무엇인지 곰곰이 생각해 보기
원합니다. 그런 후에 우리도 다른 사람을
그렇게 대하기 원합니다. 이렇게 서로를 존중하면서
말씀대로 살게 해 주세요.
_____도 남들이 해 주기를 바라는 것을
먼저 해 주면서 남을 존중하고 대접하게 해 주세요.
예수님의 이름으로 기도합니다. 아멘.

일상 둘러보기
존중하지 않는 모습을 찾아요.

형제를 사랑하여 서로 우애하고 존경하기를 서로 먼저 하며_롬 12:10

하나님, 바울은 성도들을 사랑하고 존경하라고
했습니다. 예수님 안에서 한 형제자매가 된 지체를
존중하며 정중하게 대하기 원합니다.
영적으로 공동체가 된 형제자매를 대할 때,
사랑하는 척만 하지 않고 진심으로 깊이
사랑하게 해 주세요.
_____도 누구를 만나든지
마음을 다해 진심으로 대하고,
정성껏 섬기게 해 주세요.
예수님의 이름으로 기도합니다. 아멘.

활동하기
초대장 만들기
하나님을 존경하고 중요하게 여긴다면 하나님의 형상을 닮은 사람도
존중해야 합니다. 진정한 존중은 서로를 있는 그대로 받아들이는 것에
서 시작되지요. 가족과 함께 존중해야 할 분을 초대할 수 있는 초대장
을 만들어요. 식사 대접을 하거나 선물을 전달해 드려도 좋아요. 함께
하는 시간을 가지면서 충분히 마음을 전하기로 해요.

뭇사람을 공경하며 형제를 사랑하며 하나님을 두려워하며 왕을 존대
하라_벧전 2:17

하나님, 베드로는 사람들을 공경하고
형제를 사랑하라고 했습니다.
우리도 사람을 대할 때, 사람을 지으신 하나님을
대하듯이 하기 원합니다. 사람을 보며 그 안에 있는
하나님의 형상을 발견하기 원합니다.
하나님을 사랑하듯 사람들을 대하게 해 주세요.
_____도 사람들을 대할 때, 비교하거나
편애하지 않고 사랑하는 마음으로 대하게 해 주세요.
예수님의 이름으로 기도합니다. 아멘.

돌아보기
'존중'이라는 성품을 돌아보고 글로 남겨요.

우리에게 있는 대제사장은 우리의 연약함을 동정하지 못하실 이가 아니요 모든 일에 우리와 똑같이 시험을 받으신 이로되 죄는 없으시니라_히 4:15

하나님, 하나님이신 예수님께서 이 땅에
아기로 태어나 성장하셨음으로 인해 감사드립니다.
무엇보다 인간이 겪는 수많은 일을 경험함으로
우리의 연약한 부분을 공감해 주실 수 있으니
더욱 감사드립니다. 우리의 존재와 삶을
모두 공감해 주시는 예수님을 더욱 바라보며
사랑하게 됩니다. 우리의 모든 것을 알고
함께해 주실 것을 믿습니다. _____도 어려움과
유혹을 만났을 때, 예수님이라면 어떻게 하실까를
물으며 이겨 나가기 원합니다. 함께해 주세요.
예수님의 이름으로 기도합니다. 아멘.

생각 나누기
'공감'이 무엇인지 이야기해 보세요.

여호와께서 이르시되 내가 애굽에 있는 내 백성의 고통을 분명히 보고 그들이 그들의 감독자로 말미암아 부르짖음을 듣고 그 근심을 알고_출 3:7

하나님, 하나님께서는 이스라엘 백성이
애굽에서 겪는 고통을 보고, 듣고, 알고 계셨습니다.
그들이 압제자들의 손에서 벗어나기를
간절히 구할 때, 그들에게 모세를 보내어
구원해 주셨습니다. 우리도 우리가 처한 상황에서
하나님을 향해 부르짖기 원합니다. 우리의 근심을
알고 계신 하나님께서 보고, 듣고, 함께해 주실 것을
믿습니다. _____도 어려운 일을 당할 때,
하나님을 기억하고 기도하게 해 주세요.
혼자가 아니라 바로 그 자리, 그 과정에
함께하시는 하나님을 만나게 해 주세요.
예수님의 이름으로 기도합니다. 아멘.

성경 인물을 만나요
출애굽기 3장을 읽고, 이스라엘을 애굽의 압제에서 구원해 주시는 하나님에 대해 이야기해 보세요.

즐거워하는 자들과 함께 즐거워하고 우는 자들과 함께 울라_롬 12:15

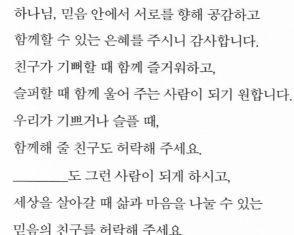

하나님, 믿음 안에서 서로를 향해 공감하고
함께할 수 있는 은혜를 주시니 감사합니다.
친구가 기뻐할 때 함께 즐거워하고,
슬퍼할 때 함께 울어 주는 사람이 되기 원합니다.
우리가 기쁘거나 슬플 때,
함께해 줄 친구도 허락해 주세요.
_____도 그런 사람이 되게 하시고,
세상을 살아갈 때 삶과 마음을 나눌 수 있는
믿음의 친구를 허락해 주세요.
예수님의 이름으로 기도합니다. 아멘.

성품 알아보기

공감은 다른 사람의 생각이나 감정, 상황을 이해하고 자기도 그렇다고 느끼는 거야. 성경에서 예수님은 우리의 연약함과 아픔을 공감해 주셨고, 우리에게도 누군가의 즐거움과 아픔을 함께하며 나누라고 하셨어. 마음이나 생각을 넘어 상대방에게 손을 내밀어서 도와주는 것이 진정한 공감이란다. 너도 예수님처럼 할 수 있겠니?

너희가 짐을 서로 지라 그리하여 그리스도의 법을 성취하라_갈 6:2

하나님, 우리의 짐뿐 아니라 이웃의 짐도 함께
지라고 하시니 그렇게 하겠습니다. 연약한 사람,
도움이 필요한 사람을 모른 척하지 않게 해 주세요.
우리의 힘과 지혜, 능력으로 우리 자신의 배만
불리는 것이 아니라, 누군가가 죄에 빠졌다면
손 내밀어 건지고, 연약하다면 돌아보기 원합니다.
그렇게 함으로써 서로 사랑하라고 하신 말씀을
이루어 가게 해 주세요. _____에게도 자신의 삶을
책임지게 하시고, 아울러 친구와 이웃을 돕고
섬기는 사람이 되게 해 주세요.
예수님의 이름으로 기도합니다. 아멘.

일상 둘러보기
공감하는 모습을 찾아요.
다른 사람의 감정이나 그가 겪은 고통에 공감하는 편인가요? 당신이 힘
들 때 공감해 줘서 고마웠던 사람은 누구인가요? 주변에서 공감하거나
공감받은 경험을 이야기해 보세요.

예수께서 그가 우는 것과 또 함께 온 유대인들이 우는 것을 보시고 심령에 비통히 여기시고 불쌍히 여기사 이르시되 그를 어디 두었느냐 이르되 주여 와서 보옵소서 하니 예수께서 눈물을 흘리시더라_요 11:33-35

하나님, 예수님은 나사로가 죽었을 때
우는 사람들을 보고 눈물을 흘리셨습니다.
예수님이 눈물을 흘리신 것이
그들의 불신앙에 대해 분노하셔서인지,
슬프셔서인지는 잘 모르겠습니다. 하지만 예수님은
인간의 삶에서 일어나는 수많은 일에 공감하셨고,
감정을 표현하셨습니다. 예수님이 흘리셨던 눈물을
기억하며 우리도 슬퍼하는 사람들과
함께 울어 주는 사람이 되기 원합니다.
_____도 자신의 감정을 솔직하게 말하고
표현할 줄 아는 건강한 사람으로 자라게 해 주세요.
예수님의 이름으로 기도합니다. 아멘.

일상 둘러보기
공감하지 못하는 모습을 찾아요.

111

찬송하리로다 그는 우리 주 예수 그리스도의 하나님이시요 자비의 아버지시요 모든 위로의 하나님이시며 우리의 모든 환난 중에서 우리를 위로하사 우리로 하여금 하나님께 받는 위로로써 모든 환난 중에 있는 자들을 능히 위로하게 하시는 이시로다_고후 1:3-4

하나님, 하나님은 환난을 모두 없애는 분이 아니라
환난 중에 있는 자를 위로하는 분임을 알게 하시니
감사합니다. 우리가 힘든 시기를 지날 때
우리를 혼자 두지 않고 곁에서 함께하며
위로해 주시기 원합니다. 우리가 기운을 차린 후에는
또 다른 사람을 위로할 수 있게 해 주세요.
_____도 힘든 시기를 지날 때 혼자가 아님을
깨닫게 하시고, 하나님의 위로를 받게 해 주세요.
또한 다른 이들을 위로하는 사람이 되게 해 주세요.
예수님의 이름으로 기도합니다. 아멘.

활동하기
서로의 신발을 신어요.
가족끼리 서로의 발을 종이에 그린 후에 각자 서로의 발 위에 서서 그 사람을 생각해 보세요. 1분 동안 생각해 보고, 바꾸어서 해 보세요. 공감을 설명할 때, 타인의 신발을 신어 보라고 해요. 그 사람의 감정을 느껴 보라는 거죠. 가족이 서로의 감정을 느끼고 위로하며 기도하는 시간을 가져요.

마지막으로 말하노니 너희가 다 마음을 같이하여 동정하며 형제를 사랑하며 불쌍히 여기며 겸손하며_벧전 3:8

하나님, 베드로는 믿는 사람들이 마음을 같이하여
공감하고 사랑하며, 불쌍히 여기고 겸손해야 한다고
했습니다. 베드로의 말대로 우리도 친절하고
인정 많은 사람, 사랑하며 자비롭고 겸손한 사람이
되기 원합니다. 믿는 사람이 모두 서로를
좋은 마음으로 대하며 하나님께서 기뻐하시는
사람으로 성장하게 해 주세요. _____도
공동체 안에서 서로를 위하는 성숙한 모습을 보고
자라게 해 주세요. 그래서 사랑과 인정이 많으며,
다른 이들을 자비롭고 겸손하게 대하는
성숙한 사람이 되게 해 주세요.
예수님의 이름으로 기도합니다. 아멘.

돌아보기
'공감'이라는 성품을 돌아보고 글로 남겨요.

너는 마음을 다하고 뜻을 다하고 힘을 다하여 네 하나님 여호와를 사랑
하라_신 6:5

하나님, 모세는 이스라엘 백성에게
가나안 땅에 들어가서 명심할 것을 말해 주었습니다.
특히 마음과 성품과 힘을 다해서 하나님을
사랑하라는 말씀이었습니다.
애굽에서 수많은 신을 믿고
보았던 백성이 오로지 한 분,
하나님만 섬기게 되었듯이,
우리도 하나님만 바라보고
섬기게 해 주세요. _____도 자기의 삶의
주인이신 하나님께 헌신하며
하나님만 섬기는 사람이 되게 해 주세요.
예수님의 이름으로 기도합니다. 아멘.

생각 나누기
'헌신'이 무엇인지 이야기해 보세요.

114

이에 예수께서 제자들에게 이르시되 누구든지 나를 따라오려거든 자기를 부인하고 자기 십자가를 지고 나를 따를 것이니라_마 16:24

하나님, 예수님께서는 제자들에게 각자
자기 십자가를 지고 당신을 따르라고 하셨습니다.
당시 로마의 처형 방식인 십자가를 질 만큼
예수님을 따르는 일은 죽음의 위험과 헌신이
요구된다는 말이었습니다. 예수님을 따르면
기쁨과 즐거움만 있는 것이 아니라
고난도 끌어안아야 한다는 것을 알게 하시니
감사합니다. 우리를 희생하며 가는 길이라 해도
예수님이 가신 길이라면 따라가기를 소원합니다.
_____도 쉬운 길만 찾다가 영혼을 잃는
일이 없도록 예수님께서 보여 주신 생명의 길을
갈 수 있게 도와주세요.
예수님의 이름으로 기도합니다. 아멘.

성경 인물을 만나요
마태복음 16장 13-20절을 읽고, 예수님과 베드로, 제자들에 대해서 이야기해 보세요.

115

만일 여호와를 섬기는 것이 너희에게 좋지 않게 보이거든 너희 조상들이 강 저쪽에서 섬기던 신들이든지 또는 너희가 거주하는 땅에 있는 아모리 족속의 신들이든지 너희가 섬길 자를 오늘 택하라 오직 나와 내 집은 여호와를 섬기겠노라 하니_수 24:15

하나님, 가나안 땅에 들어가기 전에 여호수아와
그의 집은 하나님만 섬기겠다고 말했습니다.
하나님을 향한 자기 입장을 정확하게 밝히며
헌신을 다짐한 것입니다. 우리도 여호수아처럼
하나님을 향한 마음을 표현하고 섬기기 원합니다.
_____도 참되신 하나님만 섬기며 헌신할 것을
마음먹게 해 주세요. 날마다 생각과 마음으로
다짐하고, 행동으로 드러내는 삶을 살게 해 주세요.
예수님의 이름으로 기도합니다. 아멘.

성품 알아보기
헌신은 다른 사람을 위해서 우리가 가진 시간이나 에너지, 물질, 마음 등을 아낌없이 주는 것을 말해. 성경에서 가장 헌신했던 분은 예수님이신데, 예수님은 우리를 사랑해서 당신이 가진 생명까지 주셨어. 예수님의 헌신 덕분에 우리는 죄에서 벗어나 하나님께로 올 수 있었단다. 우리가 하나님께 헌신하고 사람들을 사랑할 수 있는 이유가 바로 여기에 있어.

116

네 길을 여호와께 맡기라 그를 의지하면 그가 이루시고_시 37:5

하나님, 다윗은 우리의 모든 것을 하나님께 맡기고
의지하면 하나님께서 다 이루어 주신다고 말합니다.
이 시간, 우리의 힘과 지혜, 능력으로 하려고 애쓰며
손에 쥐고 놓지 않는 것이 있는지 생각해 봅니다.
하나님께 털어놓지 못한 채 끙끙거리는 것이 있다면
내려놓기 원합니다. 온전히 맡길 때, 그것이
우리에게 꼭 필요한 일이라면 반드시 이루어 주실
것을 믿습니다. _____도 온전히 하나님께 맡기고
헌신하는 법을 배우게 해 주세요. 맡기고
하나님으로부터 받는 은혜를 경험하게 해 주세요.
예수님의 이름으로 기도합니다. 아멘.

일상 둘러보기
헌신하는 모습을 찾아요.
하나님이 부르신 곳으로 가서 헌신하고, 그곳에서 하나님이 맡기신 일
을 하는 사람을 알고 있나요? 헌신은 가장 깊은 사랑으로, 자신이 아닌
타인을 위한 삶을 사는 것이랍니다. 자신을 헌신해서 진리이신 예수님
이 드러나도록 하는 분들에 대해 이야기해 보세요.

그러므로 형제들아 내가 하나님의 모든 자비하심으로 너희를 권하노니 너희 몸을 하나님이 기뻐하시는 거룩한 산 제물로 드리라 이는 너희가 드릴 영적 예배니라_롬 12:1

하나님, 바울은 살아가는 동안
우리 자신을 거룩한 제물로 드리라고 합니다.
제사장들이 제물을 드려서
하나님을 섬겼던 것처럼, 마음으로 순종하고
우리 자신을 헌신의 예물로 드리라는 말입니다.
우리가 세상에 사는 동안 먹고, 자고, 일하고,
노는 모든 것이 온전히 하나님이 기뻐하시는
영적인 예배가 되기 원합니다. _____도
주일만이 아니라 매일 삶으로 예배하는
예배자가 되게 해 주세요.
예수님의 이름으로 기도합니다. 아멘.

일상 둘러보기
헌신하지 않는 모습을 찾아요.

118

나는 선한 싸움을 싸우고 나의 달려갈 길을 마치고 믿음을 지켰으니
_딤후 4:7

하나님, 죽을 날이 가까웠음을 감지한 바울은
자신이 열심히 달려서 결승선을 앞두고 있다고
말합니다. 평생 선한 싸움을 했고, 믿음으로 경주한
인생이었다는 고백입니다. 우리도 주어진 인생을
사는 동안 선한 싸움을 싸우기 원합니다.
달려갈 길의 마지막 결승선까지
믿음을 지키기 원합니다. _____도
하나님께서 허락하신 믿음의 경주를 끝까지 해내는
믿음의 사람이 될 수 있도록 인도해 주세요.
예수님의 이름으로 기도합니다. 아멘.

활동하기

선교사님을 위해 기도하기

하나님과 사람들을 위해 선교지에서 사역하시는 선교사님을 위해 기
도해요. 주보나 인터넷 검색을 통해 어느 나라에서 어떤 사역을 하는
분인지 확인한 후 가족과 나누고 선교사님을 위해서 기도해요.

119

일의 결국을 다 들었으니 하나님을 경외하고 그의 명령들을 지킬지어다
이것이 모든 사람의 본분이니라_전 12:13

하나님, 인생을 어떻게 살아야 하는지
고민한 전도자는 하나님을 경외하고 명령을
지키라고 말합니다. 하나님의 말씀을 알고
그 말씀대로 사는 것이 우리의 본분임을 알게 하시니
감사합니다. 이 땅에서의 짧은 인생을 사는 동안
하나님을 경외하고, 하나님께서 말씀하신 대로
행하기 원합니다. _____도 사는 동안 하나님을
잘 믿고 말씀대로 살아가는 사람이 되게 해 주세요.
예수님의 이름으로 기도합니다. 아멘.

돌아보기
'헌신'이라는 성품을 돌아보고 글로 남겨요.

120

그러나 이 모든 일에 우리를 사랑하시는 이로 말미암아 우리가 넉넉히
이기느니라_롬 8:37

하나님, 바울은 어떤 일을 당한다 해도
우리를 사랑하시는 하나님으로 인해
승리할 것이라고 말합니다. 우리는 매일
영적인 전쟁을 치릅니다. 영적 전쟁의 최전방이나
후방에서 열심히 싸웁니다. 우리가 우리를 둘러싼
어려움 속에서도 낙심하지 않고 승리하게 해 주세요.
우리를 혼자 두지 않고 함께 싸워 주시는
하나님을 믿고 의지하겠습니다.
_____도 어려운 상황에서 함께하시는
하나님을 의지해 승리하게 해 주세요.
예수님의 이름으로 기도합니다. 아멘.

생각 나누기
'승리'가 무엇인지 이야기해 보세요.

그러나 기드온이 그에게 대답하되 오 주여 내가 무엇으로 이스라엘을
구원하리이까 보소서 나의 집은 므낫세 중에 극히 약하고 나는 내 아버
지 집에서 가장 작은 자니이다 하니_삿 6:15

하나님, 자신은 약하고 작다고 말하는 기드온에게
하나님은 반드시 그와 함께하겠다고 하셨습니다.
미디안을 이길 힘도 주겠다고 하셨습니다.
미디안과 싸울 수 없다고 했을 때, 기드온은 자신의
약점과 한계에 갇혀서 크신 하나님을 보지 못하고
있었습니다. 우리도 그럴 때가 있습니다.
우리 자신에게서 시선을 돌려
하나님을 바라보게 해 주세요. _____도
어리고 약하지만, 그것을 핑계 대지 않고
하나님께서 주시는 은혜를 믿고 도전하게 해 주세요.
예수님의 이름으로 기도합니다. 아멘.

성경 인물을 만나요
사사기 6장을 읽고, 기드온의 믿음과 승리에 대해 이야기해 보세요.

122

여호와께서 너희를 위하여 싸우시리니 너희는 가만히 있을지니라
_출 14:14

하나님, 앞은 홍해가 가로막았고 뒤는
애굽 군대가 덮칠 것 같은 상황에서 백성이
불평했습니다. 그러자 모세는 이스라엘 백성을 향해
하나님이 싸우실 것이니 가만히 있으라고 합니다.
가만히 서서 하나님을 바라보라는 말입니다. 우리도
절망스러운 상황에서 우리를 공격하는 이들을
볼 것이 아니라, 이 모든 것으로부터 승리하게 하실
하나님을 바라보기 원합니다. _____도
절망과 두려움의 순간에 자기를 둘러싼 것들이 아닌
하나님을 바라보게 해 주세요.
예수님의 이름으로 기도합니다. 아멘.

성품 알아보기

싸움에서 이기는 것을 승리한다고 해. 성경에는 하나님이 도와주
셔서 승리한 이야기가 많이 나온단다. 외부에 있는 적에 대한 승리
뿐 아니라 우리 내면에 있는 어려움을 극복하거나 걱정, 두려움, 유
혹을 이기는 것도 승리에 포함이 돼. 세상의 마지막에는 예수님과
함께 사탄을 이기는 궁극적인 승리도 하게 될 거란다. 죽음까지 이
기고 영원한 생명을 얻게 되는 거야.

이것을 너희에게 이르는 것은 너희로 내 안에서 평안을 누리게 하려 함이라 세상에서는 너희가 환난을 당하나 담대하라 내가 세상을 이기었노라_요 16:33

하나님, 예수님께서는 제자들에게
이 세상을 살아갈 때 근심이 많을 것이나
담대하라고 하셨습니다. 우리가 하나님을
잘 모르거나 하나님을 부인하는 세상에서 살아갈 때
여러 가지 어려움을 겪지만, 낙심하지 않기
원합니다. 이미 세상을 이기신 예수님을 기억하며
용기를 내게 해 주세요. _____도
어려운 일을 겪을 때, 이 모든 것을 알고
승리하셨던 예수님을 기억하며 나아가게 해 주세요.
예수님의 이름으로 기도합니다. 아멘.

일상 둘러보기
승리한 모습을 찾아요.
승리하는 장면을 떠올려 보세요. 달리기에서 1등을 했거나 시험에 붙었을 때, 누군가와 경쟁을 해서 이긴 경우를 떠올렸나요? 성경에서 말하는 사탄과의 싸움에서의 승리는 어떤가요? 우리가 궁극적인 승리를 얻기 위해서는 무엇을 어떻게 해야 할지 이야기해 보세요.

124

내가 내 원수를 뒤쫓아가리니 그들이 망하기 전에는 돌아서지 아니하리
이다 내가 그들을 쳐서 능히 일어나지 못하게 하리니 그들이 내 발아래
에 엎드러지리이다_시 18:37-38

하나님, 다윗은 하나님께서

원수들과 사울에게서 구원해 주셨을 때의 마음을

시편으로 적었습니다. 다윗에게 힘을 주고

함께 싸워 주셨던 것처럼 우리도 도와주시기

원합니다. 우리가 연약할 때 보호해 주시고,

부족할 때 필요한 것으로 채워 주세요.

_____도 악한 세상에서 잘 싸울 수 있도록

훈련해 주시고, 보호하며 인도해 주세요.

예수님의 이름으로 기도합니다. 아멘.

일상 둘러보기
승리하지 못한 모습을 찾아요.

그들은 믿음으로 나라들을 이기기도 하며 의를 행하기도 하며 약속을
받기도 하며 사자들의 입을 막기도 하며 불의 세력을 멸하기도 하며 칼
날을 피하기도 하며_히 11:33-34a

하나님, 구약과 신약에는 수많은 믿음의 선배들의
승리한 이야기가 적혀 있습니다.
믿음으로 승리했던 신앙의 선배들처럼
우리도 승리하게 하실 것을 믿습니다.
이 땅에서뿐 아니라 사탄과의 싸움에서도
승리하신 예수님처럼 우리도 승리하기 원합니다.
_____도 살면서 수많은 승리의 경험을 통해
하나님께서 함께하시는 것을 경험하게 해 주세요.
예수님의 이름으로 기도합니다. 아멘.

활동하기

승리 챌린지

끊기 어려운 습관이 있나요? 좋은 습관을 들이고 싶은데 잘 안 되나요?
일주일 동안 한 가지를 정해서 해 보세요. 유혹을 이기고 승리하는 과
정에서 가족이 함께 해 보는 거예요. 각자 이야기하고 챌린지를 시작
해 볼까요?

126

이기는 자는 이것들을 상속으로 받으리라 나는 그의 하나님이 되고 그는 내 아들이 되리라_계 21:7

하나님, 하나님께서는 목마른 자에게
생명수 샘물을 주시며, 승리하는 사람은
이것을 상속받게 된다고 하셨습니다. 상속을 받아서
하나님의 아들과 딸이 될 거라고 하시니
더 감사드립니다. 믿음으로 끝까지 견뎌서
생명을 상속받고, 하나님의 자녀라는 복을
받게 해 주세요. 어떤 어려움과 유혹이 있어도
잘 이겨 내고 승리하게 해 주세요.
_____도 시험을 잘 견뎌서
하나님이 주시는 상을 받게 해 주시기 원합니다.
예수님의 이름으로 기도합니다. 아멘.

돌아보기
하나님의 '승리'를 돌아보고 글로 남겨요.

사랑,
조건 없이 베푸는 삶

사랑은 아끼고 위하고 한없이 베푸는 이타적인 마음이나 행위입니다. 복음에 담긴 핵심 메시지가 바로 예수님의 희생적인 사랑입니다. 바울은 방언이나 천사의 말, 예언이나 믿음, 구제와 비교할 때 가장 좋은 길은 바로 사랑이라고 했습니다(고전 12:31). 하나님의 사랑, 하나님에 대한 인간의 사랑, 이웃에 대한 사랑 등 사랑하고 사랑받는 동안 우리는 사랑의 하나님을 생생하게 만나게 됩니다.

성경을 통해 우리는 이스라엘 백성을 사랑하시는 하나님을 만납니다. 하나님은 이스라엘의 가치나 자격을 따지지 않으셨습니다. 또한 예수님께서 이 땅에 오신 것 자체가 무한한 사랑의 표현이었습니다(요 3:16; 롬 8:37). 성경에는 하나님을 향한 인간의 사랑도 나옵니다. "너는 마음을 다하고 뜻을 다하고 힘을 다하여 네 하나님 여호와를 사랑하라"(신 6:5)는 말씀대로 우리는 하나님을 사랑해야 했습니다. 자발적으로 하나님께 순종하고 섬기며 헌신해야 했던 것입니다. 또한 이웃에 대한 사랑도 언급됩니다. 구약의 이스라엘 백성은 고아나 과부, 나그네들을 사랑해야 했습니다(신 10:18-19). 말과 혀로만이 아니라, 행함과 진실함으로 사랑해야 했던 것입니다(요일 3:17-18).

5월에는 격려하고 친절하며 배려하는 사람이 되기를 바라는 마음으로 기도합니다. 조건 없이 베푸시는 사랑의 주님처럼 기도해 보겠습니다.

127

높음이나 깊음이나 다른 어떤 피조물이라도 우리를 우리 주 그리스도
예수 안에 있는 하나님의 사랑에서 끊을 수 없으리라_롬 8:39

하나님, 우리의 생각과 마음을 흔들어

존재 자체를 힘들게 하는 것이 많습니다.

그러나 그 어떤 것도 우리를 하나님의 사랑에서

떼어 놓을 수 없습니다. 예수님 안에 있는 사랑이

우리를 꼭 붙잡고 있기 때문입니다.

_____도 마음이 흔들리거나 큰 어려움을 겪을 때,

자신이 하나님의 사랑과 보살핌을 받는

소중한 존재임을 잊지 않게 해 주세요.

그 무엇도 하나님의 사랑에서 우리를

끊어 낼 수 없음을 기억하게 해 주세요.

예수님의 이름으로 기도합니다. 아멘.

생각 나누기

'사랑'이 무엇인지 이야기해 보세요.

사랑은 오래 참고 사랑은 온유하며 시기하지 아니하며 사랑은 자랑하지 아니하며 교만하지 아니하며 무례히 행하지 아니하며 자기의 유익을 구하지 아니하며 성내지 아니하며 악한 것을 생각하지 아니하며
_고전 13:4-5

하나님, 진정한 사랑이 무엇인지를 알려 주시니
감사합니다. 하나님께서 먼저 사랑을 보여 주셨기에
우리도 다른 사람을 사랑할 수 있게 되었습니다.
우리가 오래 참고, 온유하며, 시기하지 않고,
자랑하지 않고, 교만하지 않은
사랑을 하게 해 주세요. 무례하거나 자신의
유익을 구하지 않고, 성내지 않으며, 악한 것을
생각하지 않는 사랑을 할 수 있게 해 주세요.
_____도 그런 하나님의 사랑을 받고,
하나님을 사랑하는 사람이 되게 해 주세요.
예수님의 이름으로 기도합니다. 아멘.

성경 인물을 만나요
고린도전서 13장을 읽고, 바울이 말한 사랑에 대해 새롭게 알게 된 것을 이야기해 보세요.

129

둘째는 이것이니 네 이웃을 네 자신과 같이 사랑하라 하신 것이라 이보다 더 큰 계명이 없느니라_막 12:31

하나님, 모든 계명 중에서 첫째가 무엇이냐는 질문에
예수님께서는 하나님을 사랑하고
이웃을 사랑하는 것이라고 요약해 주셨습니다.
십계명과 모든 말씀을 요약해 주신 대로
살기 원합니다. 하나님을 사랑하고 이웃을
저 자신처럼 돌보기 원합니다. 무엇인가 생각하고
결정을 내릴 때, 이것을 기준으로 삼게 해 주세요.
_____도 열정과 지성과 힘을 다해서
하나님과 이웃을 사랑하는 사람이 되게 해 주세요.
예수님의 이름으로 기도합니다. 아멘.

성품 알아보기

사랑은 하나님이 조건 없이 우리를 소중하게 여기시는 것처럼 다른 사람을 소중하게 여기고 아껴 주는 마음이야. 하나님은 죄인인 우리를 용서하고 받아들여서 돌봐 주셨어. 그런 사랑을 받았으니, 우리도 다른 사람을 사랑해야겠지? 자꾸 누군가를 사랑하다 보면 그 사람이 나를 사랑하지 않아도 먼저 사랑하게 된단다.

사랑 안에 두려움이 없고 온전한 사랑이 두려움을 내쫓나니 두려움에는 형벌이 있음이라 두려워하는 자는 사랑 안에서 온전히 이루지 못하였느니라_요일 4:18

하나님, 하나님께서 심판하실 것을 생각하면
두려워집니다. 우리가 한 행동을 책임져야 하기에
그런 것 같습니다. 그러나 하나님께서는 이미 우리를
용서하셨습니다. 우리를 위해 엄청나게 큰 사랑을
보내 주셨습니다. 그 사랑이 우리를 가득 채우기
원합니다. 그 사랑이 우리를 가득 채워서
우리 안에 있던 두려움이 모두 사라지게 해 주세요.
_____도 온전한 사랑이
두려움을 내어 쫓는다는 것을 깨닫게 해 주세요.
두려움이 아닌 하나님의 사랑으로
가득 찬 인생을 살게 해 주세요.
예수님의 이름으로 기도합니다. 아멘.

일상 둘러보기

사랑하는 모습을 찾아요.

사랑하고 사랑받는 일은 정말 우리를 힘 나게 해요. 주변에서 사랑을 많이 주는 사람을 찾아보세요. 사랑받을 만한 사람도요. 서로 사랑하고 사랑을 받는 동안 하나님의 사랑은 점점 더 커질 거예요.

131

미움은 다툼을 일으켜도 사랑은 모든 허물을 가리느니라_잠 10:12

하나님, 미움은 싸움을 일으키지만 사랑은
모든 다툼을 덮어 준다는 것을 깨닫게 하시니
감사합니다. 살면서 누군가를 미워하거나
시기하는 마음이 생길 때, 그 마음을 하나님께
고백하게 해 주세요. 우리 안에 있는 미움을
하나님께서 사랑으로 바꾸어 주시기 원합니다.
_____도 미움을 사랑하는 힘으로 바꾸어서
표현할 수 있기 원합니다.
자기 자신으로 가득한 마음에
하나님의 사랑을 가득 채워 주세요.
예수님의 이름으로 기도합니다. 아멘.

 일상 둘러보기
사랑하지 않는 모습을 찾아요.

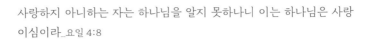

사랑하지 아니하는 자는 하나님을 알지 못하나니 이는 하나님은 사랑이심이라_요일 4:8

하나님, 사랑하지 않는 사람은 하나님에 대해
알지 못하는 자라고 하신 말씀을 마음에 새깁니다.
하나님을 제대로 알고, 그것을 사랑으로
표현하기 원합니다. 사랑이 가득한 눈으로
사람을 보게 하시고, 사랑을 가슴에 품고
세상으로 나아가게 해 주세요. 우리의 힘과 의지,
능력만으로는 사랑할 수 없습니다. 도와 주세요.
_____도 먼저 사랑을 보여 주신
사랑의 하나님을 더 깊이 알게 해 주세요.
오늘도 사랑하고 사랑받는 하루가 되게 해 주세요.
예수님의 이름으로 기도합니다. 아멘.

활동하기
사랑의 언어를 찾아요.
게리 채프먼의 《5가지 사랑의 언어》(생명의말씀사 역간)를 참고해서, 가족들의 사랑의 언어를 찾아보세요. 인정하는 말, 함께하는 시간, 선물, 스킨십, 봉사 중에서 당신은 어떤 사랑의 언어를 자주 사용하나요? 인터넷에서 검사지도 찾을 수 있답니다.

133

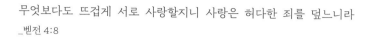

무엇보다도 뜨겁게 서로 사랑할지니 사랑은 허다한 죄를 덮느니라
_벧전 4:8

하나님, 예수님께서 다시 오실 날이 정확히
언제인지 알 수 없으나, 그날은 분명히
다가오고 있습니다. 그날을 기다리며 사는 동안
정신을 바짝 차리고 기도하기 원합니다.
무엇보다 뜨겁게 사랑하게 해 주세요.
서로 사랑할 때 그 사랑이 죄를 덮는다고 하시니,
최선을 다해서 사랑하게 해 주세요.
_____도 다른 사람을 사랑하는 데
은사와 힘과 지혜를 쏟게 해 주세요.
예수님의 이름으로 기도합니다. 아멘.

돌아보기
'사랑'이라는 성품을 돌아보고 글로 남겨요.

134

서로 돌아보아 사랑과 선행을 격려하며 모이기를 폐하는 어떤 사람들의 습관과 같이 하지 말고 오직 권하여 그날이 가까움을 볼수록 더욱 그리하자_히 10:24-25

하나님, 예수님의 재림이 가까워질수록
서로를 돌아보고 사랑과 선행을 격려하며,
예배드리기에 힘쓰라고 하셨습니다. 악한 세력은
재림이 가까워질수록 성도들이 서로를 돌아보거나
격려하지 못하게 만듭니다. 그러니 우리는
더욱 하나님의 말씀대로 서로를 격려하고,
힘써 모이며, 예배드리겠습니다. _____도
좋은 공동체에 속하게 하시고, 누군가를 격려하며
모이기를 힘쓰는 사람이 되게 해 주세요.
예수님의 이름으로 기도합니다. 아멘.

생각 나누기
'격려'가 무엇인지 이야기해 보세요.

예루살렘교회가 이 사람들의 소문을 듣고 바나바를 안디옥까지 보내니 그가 이르러 하나님의 은혜를 보고 기뻐하여 모든 사람에게 굳건한 마음으로 주와 함께 머물러 있으라 권하니 바나바는 착한 사람이요 성령과 믿음이 충만한 사람이라 이에 큰 무리가 주께 더하여지더라_행 11:22-24

하나님, 예루살렘교회는 바나바를

안디옥교회로 보내어 돕게 했습니다.

좋은 믿음으로 기쁘게 사역을 감당한 바나바처럼,

우리도 다른 성도를 잘 돕는 일꾼이 되기 원합니다.

우리도 바나바처럼 착하고

성령과 믿음이 충만한 사람이 되게 해 주세요.

우리가 가진 은사로 교회를 세우고,

교회에 온 새 신자나 성도들을 잘 돕게 해 주세요.

_____에게도 바나바처럼 친절하고

격려하는 성품을 주셔서 하나님이 기뻐하시는

일꾼으로 자라게 해 주세요.

예수님의 이름으로 기도합니다. 아멘.

 성경 인물을 만나요

사도행전 11장 19-30절을 읽고, 바나바에 대해 서로 이야기해 보세요.

136

왕이 제사장들에게 그들의 직분을 맡기고 격려하여 여호와의 전에서 직무를 수행하게 하고_대하 35:2

하나님, 예루살렘에서 유월절을 지킬 때
요시야왕은 제사장들에게 직분을 맡기고 격려해서
예배를 드리도록 했습니다. 하나님의 일을
혼자 하지 않고 사람들과 함께 했던 것입니다.
우리도 일을 서로 잘 분배해서 맡고, 잘 해내도록
다른 사람을 격려하기 원합니다. 크신 하나님의 일을
돕는 작은 손길이 되기 원합니다. _____도
자신에게 맡겨진 일을 할 때, 억지로 하지 않고
기쁜 마음으로 할 수 있도록 인도해 주세요.
예수님의 이름으로 기도합니다. 아멘.

성품 알아보기
"넌 할 수 있어", "잘할 거야"라는 말을 들었을 때 더 힘이 나고 잘하게 되었던 경험이 있을 거야. 격려는 다른 사람에게 용기와 힘을 주고, 믿음과 소망 안에서 서로를 응원하는 중요한 마음이야. 자기 혼자만 생각하면서 욕심부리지 않고 서로를 돌보는 거지. 혼자 힘으로 살려고 애쓰기보다 서로를 돌볼 때 훨씬 넉넉한 마음이 되고, 여유가 생긴단다. 서로를 격려하는 우리가 되자. 알았지?

아볼로가 아가야로 건너가고자 함으로 형제들이 그를 격려하며 제자들에게 편지를 써 영접하라 하였더니 그가 가매 은혜로 말미암아 믿은 자들에게 많은 유익을 주니_행 18:27

하나님, 브리스길라와 아굴라는

아볼로가 복음에 대해 잘못 알고 있는 것을

공개적으로 지적하지 않고, 복음을 정확하게

가르쳐 주었습니다. 형제들도 그를 격려하며

그를 위한 편지를 써서 도와주었습니다.

우리도 누군가의 부족함을 보면 지적하고

가르치기보다는 격려하며 잘 알려 주기 원합니다.

_____도 공동체 안에 있는 친구나 이웃을

격려하고 돕게 해 주세요. 공동체를 세우고

격려하는 사람이 되게 해 주세요.

예수님의 이름으로 기도합니다. 아멘.

일상 둘러보기

격려하는 모습을 찾아요.

가족이나 이웃, 친구 중에서 격려가 필요한 사람이 있나요? 격려해 줄 사람을 말하고, 그 사람을 안아 주세요. 함께 손을 잡고 기도해 주세요.

돈을 사랑하지 말고 있는 바를 족한 줄로 알라 그가 친히 말씀하시기를 내가 결코 너희를 버리지 아니하고 너희를 떠나지 아니하리라 하셨느니라_히 13:5

하나님, 우리를 버리거나 떠나지 않는다고 하시니
정말 감사합니다. 그 누구보다 우리를 잘 아는
하나님께서 우리의 필요를 채워 주실 것을 믿습니다.
우리는 버림받은 자가 아닙니다.
홀로 남겨진 자도 아닙니다.
하나님이 함께하며 떠나지 않으신다는 사실을
꼭 기억하게 해 주세요. _____도 자신을 택한
하나님이 버리지 않으신다는 사실로 인해
격려받고 힘이 나게 해 주세요.
예수님의 이름으로 기도합니다. 아멘.

일상 둘러보기
격려하지 않는 모습을 찾아요.

139

네 짐을 여호와께 맡기라 그가 너를 붙드시고 의인의 요동함을 영원히
허락하지 아니하시리로다_시 55:22

하나님, 우리는 무거운 짐을 지고
힘들어할 때가 많습니다. 하지만 다윗은 그 짐을
하나님께 맡기라고 합니다. 짐을 내려놓은 손을
하나님께서 붙잡아 주세요. 롤러코스터를 타듯
요동치는 삶을 허락하지 않으신다니 감사합니다.
어려운 일을 당할 때, 하나님의 붙드심을
생생하게 체험하게 해 주세요. 균형을 잡지 못해
흔들리는 우리를 꽉 잡아 주세요.
_____도 하나님께 맡기며 모든 짐을
대신 지시는 하나님을 의지하게 해 주세요.
예수님의 이름으로 기도합니다. 아멘.

활동하기
격려의 성경 구절 찾기
격려가 담긴 성경 구절을 카드에 써서 간식과 함께 격려가 필요한 사
람에게 전해 주세요. 핸드폰으로 격려의 동영상을 찍어서 보내도 좋아
요. 힘들었던 마음이 환해지고, 아픈 마음이 나아질 거예요.

오직 여호와를 앙망하는 자는 새 힘을 얻으리니 독수리가 날개 치며 올라감 같을 것이요 달음박질하여도 곤비하지 아니하겠고 걸어가도 피곤하지 아니하리로다_사 40:31

하나님, 피곤하고 힘들 때 하나님을 바라봅니다.
한 걸음도 내딛지 못할 것처럼 삶이 고달플 때
하나님께 나아갑니다. 하나님을 바라보면
새 힘을 얻기 때문입니다. 힘들고 어려울 때
우리를 회복시켜 주세요. 탈진해서 쓰러져 있을 때
새 힘을 부어 주세요. 그럴 때마다 힘을 주시면
지치지 않을 것이며, 아무리 걸어도
힘들지 않을 것입니다. _____도 지치고 힘들 때
하나님을 바라보게 해 주세요.
예수님의 이름으로 기도합니다. 아멘.

돌아보기
'격려'라는 성품을 돌아보고 글로 남겨요.

오직 너희는 원수를 사랑하고 선대하며 아무것도 바라지 말고 꾸어 주라 그리하면 너희 상이 클 것이요 또 지극히 높으신 이의 아들이 되리니 그는 은혜를 모르는 자와 악한 자에게도 인자하시니라_눅 6:35

하나님, 로마에 압제당하던 이스라엘 사람들에게
예수님은 원수를 사랑하라고 하셨습니다. 정말로
지키기 어려운 말씀인데, 예수님은 그렇게
사셨습니다. 우리를 괴롭히는 이들을
어찌 대해야 할지 가르쳐 주시니 감사합니다.
폭력으로 대항하거나 감정적으로만 대하지 않기
원합니다. 그렇게밖에 표현하지 못하는 이들을
불쌍히 여기며 기도합니다. _____도 자기를
괴롭히는 사람을 어떻게 대해야 할지 생각하고
기도하며 길을 찾게 도와주세요.
예수님의 이름으로 기도합니다. 아멘.

생각 나누기
'친절'이 무엇인지 이야기해 보세요.

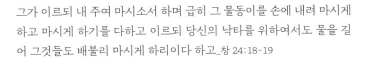

그가 이르되 내 주여 마시소서 하며 급히 그 물동이를 손에 내려 마시게 하고 마시게 하기를 다하고 이르되 당신의 낙타를 위하여서도 물을 길어 그것들도 배불리 마시게 하리이다 하고_창 24:18-19

하나님, 리브가가 늙은 종과 낙타를 위해 물을 긷고
마시게 한 이야기를 통해 섬김을 배웁니다.
여러 차례 물을 길었을 텐데도
친절하게 나그네를 대접한 리브가처럼, 우리도
도움이 필요한 사람을 보면 힘껏 도와주기 원합니다.
_____도 곤란한 상황에 처한 사람을 보면
지나치지 않게 해 주세요. 자신이 가진 달란트나
지혜로 그를 돕는 친절한 사람이 되게 해 주세요.
예수님의 이름으로 기도합니다. 아멘.

성경 인물을 만나요
창세기 24장 1-27절을 읽고, 늙은 종과 낙타들에게 친절을 보여 준
리브가에 대해 이야기해 보세요.

143

이 섬에서 가장 높은 사람 보블리오라 하는 이가 그 근처에 토지가 있는지라 그가 우리를 영접하여 사흘이나 친절히 머물게 하더니_행 28:7

하나님, 죄수의 신분으로 배를 타고
로마로 가던 바울은 조난되었다가 구조되어
멜리데섬에 있게 되었습니다. 지도자 보블리오는
바울 일행을 사흘 동안 친절하게 도와주었고,
바울은 열병과 이질에 걸린 그의 아버지를
고쳐 주었습니다. 어려움을 당한 이웃에게
친절하게 손을 내민 보블리오와 바울처럼,
우리도 도움이 필요한 사람을 불쌍히 여기고
돕기 원합니다. ＿＿＿＿도 돕는 손길이 되어서
하나님의 사랑과 복음을 전하게 해 주세요.
예수님의 이름으로 기도합니다. 아멘.

성품 알아보기

친절은 다른 사람을 생각하면서 그 사람을 위해 무엇인가를 해 주는 고운 마음이야. 누군가에게 친절을 베풀면 그 사람만 좋은 것이 아니라 내가 더 행복해진단다. 친절은 언어가 다르거나 나와 다른 처지에 있는 사람에게 사랑을 전하는 아주 좋은 방법이지. 서로의 상처를 치유하는 첫걸음이고, 서로를 이해하는 열쇠이자 평화를 가져오는 마중물이란다. 너는 친절한 말과 태도, 행동을 통해 사랑을 보여 줄 수 있겠니?

남에게 대접을 받고자 하는 대로 너희도 남을 대접하라_눅 6:31

하나님, 예수님께서는
사람들이 우리에게 해 주기를 바라는 대로
해 주라고 하셨습니다. 우리를 사랑하고
우리에게 잘해 주는 사람에게 잘하는 것은
누구든 할 수 있습니다. 우리를 사랑하지 않거나
우리에게 잘해 주지 않는 사람이라 해도
사랑하며 친절하게 대하기 원합니다.
남에게 대접받은 대로가 아니라
대접받고 싶은 대로 섬기게 해 주세요.
_____도 다른 사람들이 자신에게 해 주기를
바라는 대로 먼저 다른 사람을 섬기게 해 주세요.
예수님의 이름으로 기도합니다. 아멘.

일상 둘러보기
친절한 모습을 찾아요.
넘어진 친구를 일으켜 주거나 엄마를 돕는 것, 친구가 우산이 없을 때
같이 쓰는 것도 친절이에요.

긍휼히 여기는 자는 복이 있나니 그들이 긍휼히 여김을 받을 것임이
요_마 5:7

하나님, 다른 사람을 불쌍히 여겨서 돌보는 사람은
그들도 하나님께 돌봄을 받게 된다고 하시니
감사합니다. 우리가 몸과 마음, 관계에서
어려움을 겪는 이들을 볼 때
불쌍히 여기게 해 주세요.
다른 사람을 불쌍히 여기고 돌보면
하나님께 긍휼히 여김을 받는 복을 주신다니
그 말씀을 믿고 따르겠습니다. _____도
사람을 불쌍히 여기게 하시고,
돌볼 수 있는 마음을 허락해 주세요.
예수님의 이름으로 기도합니다. 아멘.

일상 둘러보기
친절하지 않은 모습을 찾아요.

146

이는 그리스도 예수 안에서 우리에게 자비하심으로써 그 은혜의 지극히
풍성함을 오는 여러 세대에 나타내려 하심이라_엡 2:7

하나님, 우리에게 사랑과 은혜를 베풀어 주시니

감사합니다. 우리가 이 땅에 사는 동안

하나님의 은혜를 계속해서 드러내시니

더욱 감사드립니다. 우리를 부르실 때까지

예수님 안에 있게 하시고, 사랑과 은혜를 받은 대로

전하게 해 주세요. _____도 예수님 안에서

사랑과 은혜의 통로가 되게 해 주시기를 원하며,

예수님의 이름으로 기도합니다. 아멘.

활동하기

하루에 하나, 친절한 행동하기

하루에 하나씩 친절한 행동을 해요. 친절한 행동을 할 때마다 왜 그 사
람을 친절한 태도로 대했는지 달력이나 수첩에 적은 후 가족과 나누어
보세요.

147

형제 사랑하기를 계속하고 손님 대접하기를 잊지 말라 이로써 부지중에
천사들을 대접한 이들이 있었느니라_히 13:1-2

하나님, 성경에서 손님을 잘 섬겼던 아브라함은
자기도 모르는 사이에 천사를 대접했다고 합니다.
우리도 낯선 이들을 환대하고 잘 대접하기 원합니다.
연약해서 도움이 필요한 사람이나
어려운 상황에 처한 이들을 친절하게 대하고
정성껏 대접하는 것이 하나님의 명령임을
기억하기 원합니다. _____도 하나님 안에서
마음을 다해 손님을 대접하고
환영하는 사람이 되게 해 주세요.
예수님의 이름으로 기도합니다. 아멘.

돌아보기
'친절'이라는 성품을 돌아보고 글로 남겨요.

148

각각 자기 일을 돌볼뿐더러 또한 각각 다른 사람들의 일을 돌보아 나의
기쁨을 충만하게 하라_빌 2:4

하나님, 바울은 빌립보교회를 향해서 자신의
일뿐 아니라 다른 사람들의 일도 돌보라고 말합니다.
신앙의 경험과 삶의 배경이 다양한 사람들이 모여서
교회 공동체를 이루면 서로를 배려하고 돌보는 일이
필요하기 때문입니다. 하나님은 우리가 자신의 일을
잘 해내면서 다른 사람들의 일도 잘 돌아보기를
원하십니다. _____도 하나님 안에서
세계관이나 가치관이 통하고 삶의 의미를 속 깊이
나눌 수 있는 친구나 공동체를 만나게 해 주세요.
자신이 먼저 그런 사람이 되게 해 주세요.
예수님의 이름으로 기도합니다. 아멘.

생각 나누기
'배려'가 무엇인지 이야기해 보세요.

149

엘리야가 또 엘리사에게 이르되 청하건대 너는 여기 머물라 여호와께서
나를 요단으로 보내시느니라 하니 그가 이르되 여호와께서 살아 계심과
당신의 영혼이 살아 있음을 두고 맹세하노니 내가 당신을 떠나지 아니
하겠나이다 하는지라 이에 두 사람이 가니라_왕하 2:6

하나님, 엘리야는 남아 있으라고 했지만
엘리사는 스승을 떠나지 않겠다고 합니다.
결국 함께 길을 가는 두 사람을 보면서
우리도 좋은 믿음의 스승을 만나고, 스승과 함께
길을 가고 싶어집니다. 스승을 따르며 돕는 엘리사와
제자에게 자신의 사역을 물려 주는 엘리야처럼
우리도 좋은 믿음의 스승과 제자를 만나기 원합니다.
_____도 살면서 좋은 믿음의 스승을
만날 수 있도록 인도해 주세요.
예수님의 이름으로 기도합니다. 아멘.

성경 인물을 만나요
열왕기하 2장을 읽고, 엘리야와 엘리사에 대해 이야기해 보세요.

믿음이 강한 우리는 마땅히 믿음이 약한 자의 약점을 담당하고 자기를
기쁘게 하지 아니할 것이라_롬 15:1

하나님, 믿음이 강한 사람은
약한 사람의 부족한 부분을 보고
도와주어야 한다고 하시니 그렇게 하겠습니다.
우리의 강점은 자랑하라고 주신 것이 아니라,
섬기고 배려하며 돌보라고 주신 것임을
기억하기 원합니다. 우리가 주변 사람들의
유익을 위해 무엇을 도울 수 있을지
늘 생각하게 해 주세요.
_____도 자신이 잘하고 즐거워하는 일로
다른 사람을 섬길 수 있도록 인도해 주세요.
예수님의 이름으로 기도합니다. 아멘.

성품 알아보기

배려는 다른 사람을 생각하는 마음이야. 그 사람이 불편하지 않도
록 미리 생각해서 행동하는 거지. 상대방을 존중하고 사랑하는 마
음이 있으면 그 사람에게 필요한 것이 무엇인지 생각하게 되고, 그
사람의 감정도 이해하려고 노력하게 된단다. 누군가를 위해 내가
조금 불편해진다면, 그것이 바로 하나님이 원하시는 이웃 사랑의
모습일 거야.

151

모든 것이 가하나 모든 것이 유익한 것은 아니요 모든 것이 가하나 모든 것이 덕을 세우는 것은 아니니 누구든지 자기의 유익을 구하지 말고 남의 유익을 구하라_고전 10:23-24

하나님, 잘못된 행동은 아닐지라도

모두에게 유익하거나 덕을 세우는 일이

아닐 수 있다고 하신 말씀을 기억하기 원합니다.

우리의 유익만을 생각하지 않고 다른 사람들에게도

유익이 되는지를 따져 보게 해 주세요.

우리가 무엇인가를 선택할 때

우리 자신뿐 아니라 타인의 유익도

고려하기 원합니다. _____도 선택을 할 때면

어떤 것이 가장 좋은지, 자신과 다른 사람 모두에게

가장 유익한 것은 무엇인지를 생각하게 해 주세요.

예수님의 이름으로 기도합니다. 아멘.

일상 둘러보기

배려하는 모습을 찾아요.

설교 시간에 핸드폰이 울리지 않도록 꺼 둔 경험이 있나요? 할머니가 낮잠을 주무실 때 조용히 문을 닫은 일은요? 우리 주변에서 배려하고, 배려를 받는 모습을 찾아보세요.

오직 선을 행함과 서로 나누어 주기를 잊지 말라 하나님은 이 같은 제사를 기뻐하시느니라_히 13:16

하나님, 선을 행하고 제가 가진 것을
나누어 주는 사람이 되기 원합니다.
하나님은 짐승을 제물로 드리는 제사도 받으시지만,
선을 행하고 나누어 주는 것을 더
기뻐하신다는 사실을 알게 하시니 감사합니다.
공동체를 위하여 더욱 선을 행하게 하시고,
우리가 가진 것을 다른 사람에게 나누어 주는 마음을
허락해 주세요. _____도 자신이 가진 것을
나누며 선을 행하는 사람이 되게 해 주세요.
예수님의 이름으로 기도합니다. 아멘.

일상 둘러보기
배려하지 않는 모습을 찾아요.

네 손이 선을 베풀 힘이 있거든 마땅히 받을 자에게 베풀기를 아끼지 말며_잠 3:27

하나님, 도움이 필요한 사람이 있다면 꼭

돕기 원합니다. 저에게 그럴 힘이 있다면

아끼지 않고 도와주기 원합니다. 선을 행하려다

멈추지 않게 해 주세요. 이기적으로 저만

생각하지 않고 도움이 필요한 사람을

돕게 해 주세요. 하나님을 믿는 사람이라면

그렇게 해야 한다는 것을 꼭 기억하게 해 주세요.

하나님에 대한 믿음을 우리의 손과 발,

우리의 마음을 통해 표현하게 해 주세요. _____도

선을 행할 기회를 외면하지 않게 해 주세요.

예수님의 이름으로 기도합니다. 아멘.

활동하기
배려 나무 꾸미기
배려는 작은 행동에서 시작됩니다. 커다란 나무를 그리고 배려의 작은 행동을 쓴 메모지를 잎사귀처럼 붙여 보세요.

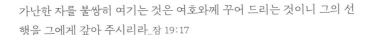

가난한 자를 불쌍히 여기는 것은 여호와께 꾸어 드리는 것이니 그의 선행을 그에게 갚아 주시리라_잠 19:17

하나님, 잠언 기자는
가난한 사람을 불쌍히 여겨서 돕는 것은
하나님께 꾸어 드리는 것이며, 하나님께서는
그 선행을 갚아 주신다고 말합니다.
가난한 사람을 돕는 것은 하나님을 존중하는 일이고,
하나님께서 만드신 존재를 존중하는 태도입니다.
우리도 가난한 사람을 돕기 원합니다. 그럴 때
하나님께서 후히 갚아 주신다니 더 감사합니다.
_____도 눈에 보이는 사람을 돕는 일을 통해
하나님을 섬기게 해 주세요.
예수님의 이름으로 기도합니다. 아멘.

돌아보기
'배려'라는 성품을 돌아보고 글로 남겨요.

진리,
변함없으신 주님을 붙드는 삶

세상은 빠르게 변할 뿐 아니라, 변화의 방향을 예측할 수 없습니다. 우리도 이랬다저랬다 합니다. 이와 달리 하나님은 변함이 없으십니다. "긍휼히 여기시며 은혜를 베푸시며 노하기를 더디 하시며 인자와 진실이 풍성하신 하나님"(시 86:15)은 바로 진리 그 자체이십니다. 진리의 하나님(사 65:16)은 우리를 대할 때 성실하고 변함없으신 진가가 드러납니다. 아울러 "길이요 진리요 생명"(요 14:6)인 예수님과 "진리의 영"(요 14:17)인 성령님은 역사 속에서 계속해서 말씀하셨고, 지금도 여전히 우리에게 말씀하고 계십니다. 진리이신 하나님을 섬기면서 붙들어야 할 이유가 바로 여기에 있습니다.

하지만 우리는 진리가 아닌 것에 마음을 빼앗기곤 합니다. 진실의 반대편에 서 있으면서도 진리인 것처럼 위장한 것들입니다. 거짓말쟁이요, 거짓의 아비인 사탄은 교묘하게 우리를 속입니다. 게다가 사탄의 방법은 진리와 너무나 비슷해서 알아채기가 어렵습니다. 완전히 상반되거나 잘못된 것이라면 금방 구분할 수 있을 텐데 말입니다. 그래서 우리는 진리의 하나님을 만나야 하고, 그분께 간절히 기도해야 합니다. 변함없으신 하나님을 신뢰하며 진실한 마음으로 붙어 있어야겠습니다.

6월에는 진리의 하나님, 변함없으신 그분을 붙잡고 기도하기 원합니다.

그러므로 예수께서 자기를 믿은 유대인들에게 이르시되 너희가 내 말에 거하면 참으로 내 제자가 되고 진리를 알지니 진리가 너희를 자유롭게 하리라_요 8:31-32

하나님, 예수님은 우리를 자유롭게 하는
진짜 진리이십니다.
우리가 선택하고 결정해야 하는 상황에서
기준으로 삼을 분은 예수님밖에 없습니다.
진리이신 예수님을 기준으로 삼아서 무엇이 옳은지,
무엇을 해야 하는지를 결정하게 해 주세요.
예수님을 따르며 삶을 온전히 맡기기 원합니다.
예수님이 주시는 참된 기쁨과 생명을 받아서
누리게 해 주세요. _____도 진리를 알고 진리로
인해 자유로워지는 인생을 살아가기 원합니다.
예수님의 이름으로 기도합니다. 아멘.

생각 나누기
'진리'가 무엇인지 이야기해 보세요.

156

예수께서 이르시되 내가 곧 길이요 진리요 생명이니 나로 말미암지 않고는 아버지께로 올 자가 없느니라_요 14:6

하나님, 예수님은 당신이
하나님께로 가는 유일한 길이라고 하셨습니다.
길을 몰라 헤매던 우리에게 하나님께로 가는
정확한 길을 알려 주시니 감사합니다.
우리가 하나님께로 가는 길인 예수님을
더욱 깊이 알아 가게 해 주세요.
혼란스럽고 불안한 인생을 살아가는 우리에게
정확한 길, 평안한 길이 되어 주세요.
_____도 생명을 주시는 예수님을 깊이 알아 가며
예수님과 동행하는 사람이 되게 해 주세요.
예수님의 이름으로 기도합니다. 아멘.

성경 인물을 만나요
요한복음 14장 1-24절을 읽고, 예수님과 제자들이 어떤 대화를 했는지 이야기해 보세요.

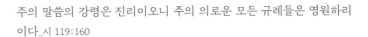

주의 말씀의 강령은 진리이오니 주의 의로운 모든 규례들은 영원하리이다_시 119:160

하나님, 하나님의 말씀은 완벽한 진리입니다.

하나님의 말씀은 거짓이 없으며,

신뢰할 수 있습니다. 말씀을 기준으로

우리가 의로운 결정을 내리게 해 주세요.

하나님의 말씀을 사모하며 살아가게 해 주세요.

불확실하고 흔들리는 세상에서 견고한 진리인

말씀을 믿고 의지할 수 있도록 인도해 주세요.

_____도 하나님의 말씀이 진실하고

완벽하다는 것을 믿고 의지하게 해 주세요.

예수님의 이름으로 기도합니다. 아멘.

성품 알아보기

진리는 실체라고 말할 수 있어. 좀 어렵지? 쉽게 말하면, 예수님이 바로 진리이시란다. 예수님은 당신이 진리라고 하셨고(요 14:6), 성령님을 향해 진리의 영이라고 하셨어(요 14:17). 시대가 바뀌고 문화가 달라져도 진리는 변하지 않아. 시대나 문화가 변해도 진리는 변함없이 그대로 있지. 또 진리는 우리를 죄와 거짓으로부터 자유롭게 해 준단다(요 8:32). 진리이신 하나님을 단순히 머리로만이 아니라 관계를 맺으면서 알아가 보지 않을래?

그들을 진리로 거룩하게 하옵소서 아버지의 말씀은 진리니이다
_요 17:17

하나님, 예수님을 따르는 동안

진리의 말씀을 더 깊이 알기 원합니다.

진리이신 하나님의 말씀을 더 깊이 알아 가며

거룩해지기 원합니다. 하나님의 말씀을

삶에 적용하게 하시고, 말씀대로 살면서

더욱 거룩해지게 해 주세요. 우리의 죄가 드러나면

고백하게 하시고, 고백할 때 용서해 주시는

하나님의 사랑도 깨닫게 해 주세요. _____도

진정한 삶의 주관자이신 예수님을 알면서

더욱 구별되고 거룩해지게 해 주세요.

예수님의 이름으로 기도합니다. 아멘.

일상 둘러보기

진리를 따르는 모습을 찾아요.

진리라고 하니, 좀 거창하게 생각되지요? 하지만 삶 속에서 아주 작은 것에도 하나님의 말씀을 적용하고 실천한다면, 그것이 바로 진리를 따르는 모습이랍니다. 밥 한 끼를 먹으면서도 하나님이 주신 것으로 알고, 계절이 바뀌는 것을 보면서 하나님이 계신 것을 느낀다면, 그것이 바로 진리를 고백하는 삶이 아닐까요?

너희가 진리를 순종함으로 너희 영혼을 깨끗하게 하여 거짓이 없이 형제를 사랑하기에 이르렀으니 마음으로 뜨겁게 서로 사랑하라_벧전 1:22

하나님, 진리에 순종하고 진리를 따라
살기 원합니다. 우리의 영혼을 깨끗하게 해서
하나님의 말씀에 순종하고, 거짓 없이 형제를
사랑하기 원합니다. 우리 자신만 생각하지 않고
다른 사람의 필요도 채워 주기 원합니다.
하나님의 사랑과 용서에 마음을 두고
하나님의 말씀에 집중하게 해 주세요.
_____도 마음을 다해서 말씀대로 살게 하시고,
거짓 없이 다른 사람을 사랑하게 해 주세요.
예수님의 이름으로 기도합니다. 아멘.

일상 둘러보기
진리가 아닌 것을 따르는 모습을 찾아요.

160

만일 우리가 죄가 없다고 말하면 스스로 속이고 또 진리가 우리 속에 있지 아니할 것이요_요일 1:8

하나님, 거짓 교사들은

우리에게 죄가 없다고 했으나,

우리는 우리 자신이 죄인임을 잘 압니다.

만일 우리가 죄가 없다고 한다면

그것은 스스로를 속이는 것입니다.

우리의 죄를 회개하고

예수님의 피로 용서받기 원합니다.

우리 안에 늘 진리가 거하기를 소원합니다.

_____도 하나님 앞에서

자신이 죄인임을 고백하고

진리를 추구하는 사람으로 성장하게 해 주세요.

예수님의 이름으로 기도합니다. 아멘.

활동하기

진리와 함께 생활하기

"진리를 알지니 진리가 너희를 자유롭게 하리라"라는 요한복음 8장 32절의 말씀을 종이에 적거나 핸드폰에 저장하고 일주일 동안 가지고 다녀요. 가끔 꺼내어 보면서 읽고 암송하며 묵상해 보세요. 진리와 함께 생활할 때 어떤 변화가 있었는지 일주일 후에 나누어 보세요.

하나님은 영이시니 예배하는 자가 영과 진리로 예배할지니라_요 4:24

하나님, 하나님은 장소에 제한받지 않으시기에
우리는 어디서나 예배드릴 수 있습니다.
성령님이 도와주시는 가운데
진리이신 말씀 안에서 예배드리게 해 주세요.
언제, 어디서나 우리의 예배를 받으시는 하나님,
영과 진리를 추구하며 예배드리겠습니다.
우리의 예배를 받아 주세요. _____도
하나님께 드리는 예배를 소중히 여기는
사람이 되기 원합니다. 성령님의 도움을 받아
예배하는 사람이 되게 해 주세요.
예수님의 이름으로 기도합니다. 아멘.

돌아보기

하나님의 '진리'를 묵상한 일주일을 돌아보고 글로 남겨요.

162

그의 신기한 능력으로 생명과 경건에 속한 모든 것을 우리에게 주셨으니 이는 자기의 영광과 덕으로써 우리를 부르신 이를 앎으로 말미암음이라_벧후 1:3

하나님, 하나님의 영광과 덕으로
우리를 초대해 주시니 감사합니다.
하나님의 능력으로 생명과 경건에 속한 것들을
우리에게 주시니 정말 감사드립니다.
하나님께서 주신 귀한 은혜로 생명을 살리고
경건하게 사는 일을 지속하게 해 주세요.
우리에게 주신 귀한 것을 가지고
하나님을 기쁘시게 해 드리기 원합니다.
_____도 하나님을 더욱 깊이 알아 가게 하시며,
하나님을 높여 드리는 삶을 살게 해 주세요.
예수님의 이름으로 기도합니다. 아멘.

생각 나누기
'덕'이 무엇인지 이야기해 보세요.

163

또 아셀 지파 바누엘의 딸 안나라 하는 선지자가 있어 나이가 매우 많았더라 … 이 사람이 성전을 떠나지 아니하고 주야로 금식하며 기도함으로 섬기더니_눅 2:36-37

하나님, 안나 선지자는 결혼하고 7년 만에 남편을
잃고 84세가 될 때까지 혼자 살았습니다.
그녀는 성전을 떠나지 않고 기도하고 금식하면서
하나님을 섬겼습니다. 우리가 젊을 때는 물론
나이가 들어서도 하나님을 잘 섬기기 원합니다.
덕스럽게 자신의 인생을 살았던 안나처럼 존경받고
귀한 일을 하는 사람이 되게 해 주세요.
나이가 들수록 더욱 지혜로우며 신앙이 좋은 사람이
되기 원합니다. _____도 나이 든 분들을
존중하고 믿음이 좋은 어른들의 말을 귀담아듣는
젊은이로 자라게 해 주세요.
예수님의 이름으로 기도합니다. 아멘.

성경 인물을 만나요
누가복음 2장 36-39절을 읽고, 안나는 어떤 삶을 살았는지 이야기
해 보세요.

164

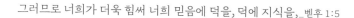

그러므로 너희가 더욱 힘써 너희 믿음에 덕을, 덕에 지식을,_벧후 1:5

하나님, 우리가 욕망으로 가득한 세상을 따르지 않고
하나님의 성품에 참여하게 해 주세요.
특별히 믿음의 기초 위에 덕을,
덕 위에 지식을 쌓기 원합니다. 믿음이 개인 차원에
머물지 않고 덕으로 드러나게 해 주세요.
이웃을 향해 사랑을 베푸는 성숙한 모습을
드러내기 원합니다. _____도 믿음이
이웃을 향한 덕으로 드러나도록 훈련되기를 원하며,
예수님의 이름으로 기도합니다. 아멘.

성품 알아보기
덕은 하나님을 기쁘시게 하는 거룩한 삶을 살아가는 능력이야. 믿음이 하나님과의 관계에서 생기는 자질이라면, 덕은 형제와 이웃을 대할 때 그들을 유익하게 하고 온전히 세워 주려는 사랑이 담긴 성품이지. 가끔 믿음은 좋은데 사람들에게 상처를 주는 사람이 있어. 공동체에 덕을 세우지 못하는 미숙한 믿음인 거지. 이제, 우리 함께 믿음에 덕을 세우는 연습을 해 보지 않을래?

165

24주차: 덕_ 이해하고 베풀어 줌(162-168)

나는 너희가 다 방언 말하기를 원하나 특별히 예언하기를 원하노라 만일 방언을 말하는 자가 통역하여 교회의 덕을 세우지 아니하면 예언하는 자만 못하니라_고전 14:5

하나님, 고린도교회 사람들은

방언을 말하고 싶어했습니다.

하지만 바울은 덕을 세우지 못하는 방언보다는

알아들을 수 있는 말로

기도하는 게 낫다고 여겼습니다.

우리도 무엇을 하든지

그 모든 것을 통해서 교회의 덕을 세우기 원합니다.

_____도 교회를 성숙하게 하고 든든하게

세우기 위해 기도하는 사람이 되게 해 주세요.

예수님의 이름으로 기도합니다. 아멘.

일상 둘러보기

덕을 세우는 모습을 찾아요.

우리 가족 주변에서 신앙생활을 잘하는 분을 찾아보세요. 믿음에 덕을 세우고 있는 분을요.

166

우리 각 사람이 이웃을 기쁘게 하되 선을 이루고 덕을 세우도록 할지니라_롬 15:2

하나님, 우리가 가진 것으로
이웃을 기쁘게 하기 원합니다.
선한 일과 덕을 세우는 일을 하게 해 주세요.
성도들에게 도움을 주기 위해서 고민하고
애쓰겠습니다. 손을 벌려 도와주고,
마음을 열어 다른 사람을 품으며
함께하는 자가 되게 해 주세요. _____도
예수님은 어떻게 이웃을 도와주셨을까를 생각하면서
다른 사람을 돕는 사람이 되게 해 주세요.
예수님의 이름으로 기도합니다. 아멘.

일상 둘러보기
덕을 세우지 못하는 모습을 찾아요.

167

그러므로 우리가 화평의 일과 서로 덕을 세우는 일을 힘쓰나니_롬 14:19

하나님, 우리가 서로 화평하고
덕을 세우게 해 주세요. 서로 사이좋게 지내기 위해
애쓰며, 서로를 격려하고 돕기 원합니다.
우리는 혼자서 믿음 생활을 하지 않고
함께 교회 공동체를 세워 갑니다.
서로가 좋은 관계를 맺게 하시고, 믿음 안에서
하나 되게 해 주세요. _____도 성령 안에서
하나 되게 하신 것을 기억하고 믿음의 공동체에 속한
사람들과 사이좋게 지낼 수 있도록 인도해 주세요.
예수님의 이름으로 기도합니다. 아멘.

활동하기
말로 덕을 세우기
엄마나 아빠가 힘들어할 때 어떤 말로 격려해 드리면 좋을까요? 친구가
속상해할 때 어떤 말로 위로할 수 있을까요? 일주일 동안 누군가를 격
려하고 세워 주는 말을 해 보세요. 비난하고 지적하는 말 대신 긍정적이
고 따뜻한 말을 해 보세요. 말로 덕을 세우는 미션을 수행해 보는 거예
요. 각자가 사용한 덕을 세우는 말을 적었다가 서로 나누어 보세요.

너희는 이때까지 우리가 자기 변명을 하는 줄로 생각하는구나 우리는 그리스도 안에서 하나님 앞에 말하노라 사랑하는 자들아 이 모든 것은 너희의 덕을 세우기 위함이니라_고후 12:19

하나님, 바울은 고린도교회에서 자비량으로
섬겼지만 어떤 사람들은 그가 돈을 챙기고 있다고
오해했습니다. 하나님의 일을 성실하게 했음에도
사람들에게 오해를 받을 때가 있습니다. 그럴 때면
이 상황을 심판할 분은 하나님이심을 기억하게
해 주세요. 사람들로부터 받는 오해나 비난보다
맡기신 사명대로 하지 않았다가 받을 책망을
더 두려워하게 해 주세요. _____도 사람보다
하나님의 마음을 기쁘시게 하고, 공동체의 덕을
세우기 위해 일하는 사람이 되게 해 주세요.
예수님의 이름으로 기도합니다. 아멘.

돌아보기
'덕'이라는 성품을 돌아보고 글로 남겨요.

169

여호와께서 그의 앞으로 지나시며 선포하시되 여호와라 여호와라 자비롭고 은혜롭고 노하기를 더디하고 인자와 진실이 많은 하나님이라
_출 34:6

하나님, 하나님은 자비와 은혜,

인자와 진실이 많아서 우상을 섬긴

이스라엘 백성의 죄를 용서해 주셨습니다.

하나님을 두렵고 무서운 분으로만이 아니라

한없이 오래 참으시는 하나님으로 알게 하시니

감사합니다. 우리도 자비롭고 은혜로우며

사랑이 많고 진실하신 하나님을

잘 섬기게 해 주세요. _____도 사랑이 많고

진실하신 하나님을 삶에서 만날 수 있게 해 주세요.

예수님의 이름으로 기도합니다. 아멘.

생각 나누기
'진실'이 무엇인지 이야기해 보세요.

170

여인이 엘리야에게 이르되 내가 이제야 당신은 하나님의 사람이시요
당신의 입에 있는 여호와의 말씀이 진실한 줄 아노라 하니라_왕상 17:24

하나님, 엘리야는 하나님의 사람이었고,

그가 하는 말은 진실했습니다. 우리도 엘리야처럼

진실한 사람이 되기 원합니다. 하나님의 참된 말씀을

전하기 원합니다. 아합왕 앞에서는 강했으나

사르밧 과부 앞에서는 한없이 사랑이 많았던 모습을

닮기 원합니다. 참된 하나님의 말씀을

진실하게 전하고, 말한 대로 살게 해 주세요.

_____도 하나님의 말씀대로 진실하게

살아가게 해 주세요.

예수님의 이름으로 기도합니다. 아멘.

성경 인물을 만나요
열왕기상 17장 17-24절을 읽고, 엘리야가 사르밧 과부에게 어떤
일을 했는지 이야기해 보세요.

> 너는 또 온 백성 가운데서 능력 있는 사람들 곧 하나님을 두려워하며 진실하며 불의한 이익을 미워하는 자를 살펴서 백성 위에 세워 천부장과 백부장과 오십부장과 십부장을 삼아_출 18:21

하나님, 모세의 장인은 모세가 탈진하지 않도록
함께 일할 사람을 뽑으라고 조언했습니다.
탈진을 막을 수 있는 방법은 하나님을 경외하고
진실하며 청렴한 사람을 뽑아서 일을 나누어 주는
것이었습니다. 우리도 하나님의 일을 할 때
혼자 하지 않고 역할을 잘 나누어서 하기 원합니다.
진실하고 청렴한 사람, 하나님을 두려워하는
사람이 되어서 공동체를 잘 섬길 수 있기 원합니다.
_____도 하나님을 두려워하고 진실하게 섬기는
사람으로 준비되게 해 주세요.
예수님의 이름으로 기도합니다. 아멘.

성품 알아보기

진실은 자기가 믿는 것에 충실하고, 다른 사람을 거짓 없이 솔직하게 대하는 거야. 자기 생각이나 감정, 행동에서 누군가를 속이려 하지 않는거지. 진실한 사람은 상황에 따라 말이나 행동을 바꾸지 않고, 일단 자기가 한 말에 대해서는 책임을 지려고 한단다. 그래서 진실한 사람을 사람들이 믿고 따르게 되는 것 같아.

여호와여 구하오니 내가 진실과 전심으로 주 앞에 행하며 주께서 보시기에 선하게 행한 것을 기억하옵소서 하고 히스기야가 심히 통곡하더라
_왕하 20:3

하나님, 히스기야왕이 기도하자
하나님은 그의 병을 고쳐 주셨을 뿐 아니라
앗수르로부터 구해 주셨습니다.
선한 왕이었던 히스기야처럼 정직하기 원합니다.
히스기야처럼 마음이 한결같이 진실하기 원합니다.
하나님을 기쁘시게 하고, 하나님께 인정받는 사람이
되게 해 주세요. 어려움을 겪을 때 간절히 기도하여
히스기야처럼 응답받게 해 주세요.
_____도 정직하고 진실한 사람이 되어
하나님을 기쁘시게 해 드리기 원합니다.
예수님의 이름으로 기도합니다. 아멘.

일상 둘러보기
진실한 모습을 찾아요.
주변에 거짓말을 하지 않고 진정성 있게 살아가는 사람이 있나요? 자기 내면을 정직하게 바라볼 줄 알고, 삶에서 중요하다고 여기는 가치를 성실하게 실천해 나가는 사람 말이에요. 대상이나 장소에 따라 진실함의 정도를 다르게 표현하는 것은 아닌지 각자의 삶을 돌아보세요.

거짓 입술은 여호와께 미움을 받아도 진실하게 행하는 자는 그의 기뻐하심을 받느니라_잠 12:22

하나님, 하나님께서는 거짓말쟁이를 싫어하고,

진실하게 행하는 사람을 기뻐하십니다.

하나님과 사람 앞에서 거짓말을 하지 않기 원합니다.

오직 진실하게 행하게 해 주세요.

_____도 하나님과 사람 앞에서는 물론,

자기 자신에게 진실한 사람이 되게 해 주세요.

언제, 어디서나 진실하게 말하고 행동해서

하나님께 기쁨을 드리기 원합니다.

예수님의 이름으로 기도합니다. 아멘.

 일상 둘러보기
진실하지 않은 모습을 찾아요.

174

자녀들아 우리가 말과 혀로만 사랑하지 말고 행함과 진실함으로 하자
_요일 3:18

하나님, 요한은 말로만
사랑한다고 하지 말라고 했습니다. 사랑하는 마음과
진실한 마음으로 행하라는 말이었습니다.
우리도 사랑할 때, 말만 하는 것이 아니라
손과 발로 표현하고 마음을 다해서 진실한 사랑을
실천하기 원합니다. _____도 하나님 안에서
사랑을 실천하는 사람이 되기를 원합니다.
말만 하고 실천하지 않는 사람이 아니라,
진실하게 실천하는 사람이 되게 해 주세요.
예수님의 이름으로 기도합니다. 아멘.

활동하기

진실 게임

가족 중에서 한 사람을 정하고, 다른 가족들이 그에게 질문을 해요. 질
문에 대해 진실하게 대답하기로 약속해요. 가벼운 질문에서 신앙의 중
요한 질문까지, 여러 가지를 묻고 대답해 보세요.

175

이에 숨은 부끄러움의 일을 버리고 속임으로 행하지 아니하며 하나님의 말씀을 혼잡하게 하지 아니하고 오직 진리를 나타냄으로 하나님 앞에서 각 사람의 양심에 대하여 스스로 추천하노라_고후 4:2

하나님, 바울은 하나님의 말씀을
왜곡되게 전해서는 안 된다고 합니다.
말씀을 전하는 사람은 자신이 하나님 앞에
서 있다는 것을 기억하고 오직 진리만을 전하게
해 주세요. 우리도 듣는 사람에게 잘 보이려 하거나
우리의 생각을 뒷받침하기 위해 말씀을
사용하지 않게 해 주세요. 오직 진리만을 진실하게
전하게 해 주세요. _____도 하나님의 말씀을
진리 그대로 나타낼 수 있게 도와주세요.
예수님의 이름으로 기도합니다. 아멘.

돌아보기
'진실'이라는 성품을 돌아보고 글로 남겨요.

176

26주차: 결단_ 결정한 것을 굳게 마음먹음(176-182)

너희 중에 누구든지 지혜가 부족하거든 모든 사람에게 후히 주시고 꾸
짖지 아니하시는 하나님께 구하라 그리하면 주시리라_약 1:5

하나님, 살면서 어려운 결정을 내려야 할 때가
많습니다. 그럴 때 하나님께 지혜를 구하게
해 주세요. 우리의 힘과 지혜, 능력으로
풀어내려 하지 않고 하나님께 나아가기 원합니다.
하나님께 지혜를 구할 때, 하나님은
우리가 생각하는 이상의 지혜를 주실 것을 믿습니다.
우리가 처한 상황에 딱 맞는 지혜를
주실 것을 믿습니다. _____도 지혜가 없다고
꾸짖지 않고 넘치도록 채워 주시는 하나님께
지혜를 구하는 사람이 되게 해 주세요.
예수님의 이름으로 기도합니다. 아멘.

생각 나누기

'결단'이 무엇인지 이야기해 보세요.

177

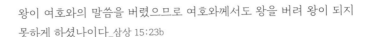

왕이 여호와의 말씀을 버렸으므로 여호와께서도 왕을 버려 왕이 되지 못하게 하셨나이다_삼상 15:23b

하나님, 사울은 사무엘이 오기를 기다리지 않고
제사를 드렸다가 사무엘의 질책을 받았습니다.
제사는 제사장만 드릴 수 있는데 하나님의 말씀을
어기는 잘못된 결단을 내린 것입니다.
우리는 그러지 않기 원합니다. 매사에 말씀에 드러난
하나님의 뜻을 살피고 행동하기 원합니다.
_____도 하나님의 말씀을 잘 배우고 알아서,
상황에 따라 즉흥적으로 결정하지 않고
말씀에 근거해서 선택하고
결정할 수 있게 도와주세요.
예수님의 이름으로 기도합니다. 아멘.

성경 인물을 만나요
사무엘상 15장 1-23절을 읽고, 사울이 제사를 드리기로 결단하고
행했을 때 잘못한 부분에 대해서 이야기해 보세요.

내가 오늘 하늘과 땅을 불러 너희에게 증거를 삼노라 내가 생명과 사망과 복과 저주를 네 앞에 두었은즉 너와 네 자손이 살기 위하여 생명을 택하고_신 30:19

하나님, 모세는 가나안 땅에 들어가기 전에
이스라엘 백성에게 생명을 선택하라고 말합니다.
이스라엘 백성이 생명을 선택하고
하나님께 순종하도록 결단을 촉구한 것입니다.
우리도 하나님과 세상 중에 무엇을 택할지
결단하기 원합니다. _____도
하나님과 세상을 두고 저울질하지 않기 원합니다.
온 세상을 창조하고 다스리시는 하나님을 믿고
온전히 따르게 해 주세요.
예수님의 이름으로 기도합니다. 아멘.

성품 알아보기

결단은 무엇인가 결정을 내리는 것을 말해. 성경에서는 하나님과의 관계 안에서 믿음이나 도덕적으로 옳은 선택을 하는 거란다. 하나님을 전적으로 신뢰하며 순종하겠다는 마음으로 결단하고 실천해 보자. 결단한 마음은 행동으로 드러나는데, 그런 모습을 통해 하나님의 영광이 드러나게 된단다.

믿음의 주요 또 온전하게 하시는 이인 예수를 바라보자 그는 그 앞에 있는 기쁨을 위하여 십자가를 참으사 부끄러움을 개의치 아니하시더니 하나님 보좌 우편에 앉으셨느니라_히 12:2

하나님, 우리가 신앙의 선배들과
예수님께서 보여 주신 믿음의 본을 따라
살게 해 주시기 원합니다. 우리가
십자가를 지신 예수님과 그분의 부활을
바라보게 해 주세요. 예수님을 따라가겠다고
결단하고 하루를 살게 해 주세요.
_____에게도 당신 앞에 놓인 기쁨을 위해
십자가를 지신 예수님처럼 고난과 영광을
동시에 바라볼 수 있는
안목을 주시고, 함께해 주세요.
예수님의 이름으로 기도합니다. 아멘.

일상 둘러보기
올바르게 결단을 내린 경우를 찾아요.
살면서 결단해야 하는 일이 많았을 거예요. 자신이 내린 결단이 좋은 결과를 가져온 경험을 말해 보세요. 서로의 경험을 나누면서 감사하는 시간을 가져 보는 거예요.

위의 것을 생각하고 땅의 것을 생각하지 말라_골 3:2

하나님, 바울은 위의 것을 생각하고
땅의 것을 생각하지 말라고 했습니다. 이 땅에 있는
세상적인 즐거움에만 매몰되어 있지 않고
영원한 것에 관심을 두기 원합니다.
우리가 하나님이 보시듯이
삶을 바라볼 수 있게 해 주세요.
_____도 삶의 우선순위를 하나님께 두고
사랑하며 섬길 수 있게 해 주세요.
예수님의 이름으로 기도합니다. 아멘.

일상 둘러보기
올바르지 않게 결단을 내린 경우를 찾아요.

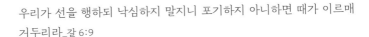

우리가 선을 행하되 낙심하지 말지니 포기하지 아니하면 때가 이르매
거두리라_갈 6:9

하나님, 옳은 일을 하는 동안 사람들이
알아주지 않아도 낙심하지 않게 해 주세요.
결과가 금방 드러나지 않아도
포기하지 않고 꾸준하게 해 나가기 원합니다.
하나님께서 옳다고 여기시는 일을 지속적으로 할 때
알맞은 시기가 되면 열매를 얻게 해 주실 것을
믿습니다. _____도 선을 행하되
지치지 않게 해 주세요. 그리고 때가 되어
열매를 거둘 수 있게 도와주세요.
예수님의 이름으로 기도합니다. 아멘.

활동하기

결단 표 만들기

이번 여름 방학에 하고 싶은 일, 혹은 해야 할 일이 있나요? 계획을 세
우거나 실행하기 전에 그 일의 장점과 단점을 다섯 개 이상 써 보세요.
그 일을 했을 때의 유익한 점과 감수해야 할 어려움이나 수고해야 할
부분을 적고 잘 선택해 보세요. 하나님의 뜻 안에서 결단할 수 있도록
기도하는 것도 잊지 마세요.

182

또 약속하신 이는 미쁘시니 우리가 믿는 도리의 소망을 움직이지 말며
굳게 잡고_히 10:23

하나님, 예수님의 보혈을 힘입어 하나님께로
직접 나아갈 수 있게 하시니 감사합니다.
믿음 생활을 하는 중에 시험들거나
믿음이 약해질 때가 있습니다. 그럴 때면
하나님께서 마련해 주신 약속을 다시 한번 굳게 잡고
나아가는 우리가 되게 해 주세요. 믿음이 더욱
깊어지고 성장하는 우리가 되기를 소원합니다.
_____도 언제나 약속을 지키시는 하나님께로
주저함 없이 나아가게 해 주세요.
예수님의 이름으로 기도합니다. 아멘.

돌아보기
'결단'이라는 성품을 돌아보고 글로 남겨요.

의로움,
하나님의 뜻대로 사는 삶

이 땅에서 가장 의로운 분이 누구일까 생각해 봅니다. 바로 예수님입니다! 예수님은 십자가에서 우리를 대신해서 당신의 생명을 주셨습니다. 죄와 의를 맞바꾸는 말도 안 되는 일을 통해 죄인인 우리를 의인이 되게 하셨습니다(롬 4:22-24). 불의한 이에게 은혜를 베풀어 의롭다 하며 구원해 주신 것입니다(롬 14:7).

또한 하나님이야말로 온전히 의로우시며 찬양을 받기에 합당하신 분입니다(시 71:15, 24; 사 24:15-16). 하나님은 세상을 의롭게 다스리시고, 심판이나 구원에서도 의롭게 행하십니다(시 7:11; 렘 11:20). 하나님께 죄를 지어 불의하게 된 사람은, 자신의 힘으로는 의로워질 수 없습니다. 선한 행위로도 구원을 받을 수 없는 것입니다. 이런 인간의 죄 문제를 예수님께서 해결하셨습니다. 오직 은혜로, 오직 믿음으로 구원받는 놀라운 일을 베풀어 주셨습니다.

그러니 우리는 우리에게 생명까지 주신 예수님께 감사하며, 더욱 하나님의 뜻을 살피고 경청해야겠습니다. 하나님을 아는 지식과 하나님의 자비하심으로 우리 자신을 채워 가야겠습니다.

7월에는 의로우신 하나님의 뜻대로 사는 의로운 삶에 집중해 봅니다.

27주차: 의로움_ 거짓 없이 바르게 섬(183-189)

내 의의 하나님이여 내가 부를 때에 응답하소서 곤란 중에 나를 너그럽게 하셨사오니 내게 은혜를 베푸사 나의 기도를 들으소서_시 4:1

하나님, 다윗은 의로우신 하나님께
자신이 부를 때 대답해 달라고 기도했습니다.
우리도 우리를 잘 알고 인정하시는 하나님께
기도하기 원합니다. 곤란하고 어려운 상황에
있을 때, 혼자 고민하지 않고 다윗처럼
하나님을 간절히 의지하기 원합니다.
_____도 절대적으로 옳으신 하나님께
자신의 상황을 모두 아뢰기 원합니다.
온전히 자신의 편이 되어 주시며, 부를 때
대답해 주실 하나님을 믿고 기도하게 해 주세요.
예수님의 이름으로 기도합니다. 아멘.

생각 나누기
'의로움'이 무엇인지 이야기해 보세요.

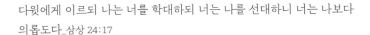

다윗에게 이르되 나는 너를 학대하되 너는 나를 선대하니 너는 나보다 의롭도다_삼상 24:17

하나님, 다윗은 사울을 죽일 기회가 있었는데도
죽이지 않았습니다. 하나님께서
기름 부어 세우신 왕을 자기 손으로
죽일 수 없다고 생각했기 때문입니다.
다윗이 의로우신 하나님의 뜻을 따랐던 것처럼,
우리도 말씀을 기준으로 의로운 생각과
행동을 하기 원합니다. 옳은 일을 하고
선을 베풀기 원합니다. _____도
의로우신 하나님을 믿고 따르는 사람이 되어
의롭게 행동하게 해 주세요.
예수님의 이름으로 기도합니다. 아멘.

성경 인물을 만나요
사무엘상 24장을 읽고, 사울과 다윗에 대해 이야기해 보세요.

누가 지혜가 있어 이런 일을 깨달으며 누가 총명이 있어 이런 일을 알겠느냐 여호와의 도는 정직하니 의인은 그 길로 다니거니와 그러나 죄인은 그 길에 걸려 넘어지리라_호 14:9

하나님, 호세아는 하나님의 길은 신실하고 정직해서
의인은 그런 길로 다닌다고 말했습니다.
하지만 그의 말을 들은 대부분의 백성은
말씀을 받아들이지 않고 거부했습니다.
우리는 그러지 않기 원합니다.
우리는 하나님이 인도하시는 길을 알고 그 길로
가기 원합니다. _____도 신실하신 하나님,
용서하시는 하나님, 사랑의 하나님의 뜻이
깃든 길로 걸어가게 해 주세요.
예수님의 이름으로 기도합니다. 아멘.

성품 알아보기

의로운 사람은 누구일까? 의로운 행동은 무엇일까? 생각해 본 적 있니? 성경에서 말하는 의로움은 단순히 착하고 옳은 행동이 아니야. 하나님과의 관계 속에서 바르게 서 있는 것을 말해. 하나님의 뜻을 알고 그렇게 살려고 노력하는 거지. 너는 그러고 있니?

그런즉 너희는 먼저 그의 나라와 그의 의를 구하라 그리하면 이 모든 것을 너희에게 더하시리라_마 6:33

하나님, 우리가 먼저 하나님의 나라와 의를 구하면
다른 모든 것도 주신다고 하신 약속을 믿고
기도합니다. 하나님의 뜻과 의를 구하며
살아가기 원합니다. 하나님을 우리 인생의
가장 우선순위에 두기 원합니다. 하나님의 가치를
실현하기 위해서 노력하게 해 주세요.
_____도 자신의 삶에서 가장 중요한 자리에
하나님을 두기 원합니다. 하나님의 뜻과
하나님이 옳다고 여기시는 것이 무엇인지를
늘 고민하면서 살아가는 사람이 되게 해 주세요.
예수님의 이름으로 기도합니다. 아멘.

일상 둘러보기
의로운 모습을 찾아요.
예수님은 당신의 의로움으로 우리의 불의함을 대신하셨어요. 당신 주변에는 하나님이 옳다고 여기시는 것이 무엇인지 알려고 노력하고, 하나님의 뜻대로 의롭게 살려고 애쓰는 사람이 있나요? 어떻게 해야 하나님의 의로우신 모습을 더 잘 알 수 있을까요?

나 여호와는 의를 말하고 정직한 것을 알리느니라_사 45:19b

하나님, 당신의 의로움과 정직함을
공개적으로 말씀하셔서
모든 사람이 하나님을 알게 하시니 감사합니다.
비밀스럽게, 일부에게만 알리지 않고
모두에게 알리신 대로 하나님의 옳으심과
진리를 알아 가기 원합니다. _____도
하나님께서 하시는 말씀을 신뢰하게 해 주세요.
창조와 역사 속에 드러난 하나님의 섭리와
말씀을 통해 알리신 하나님의 뜻을
알아 가게 해 주세요.
예수님의 이름으로 기도합니다. 아멘.

일상 둘러보기
의롭지 않은 모습을 찾아요.

복음에는 하나님의 의가 나타나서 믿음으로 믿음에 이르게 하나니 기록된바 오직 의인은 믿음으로 말미암아 살리라 함과 같으니라_롬 1:17

하나님, 복음에 나타난 당신의 의를 통해

믿음으로 구원을 얻게 하시니 감사합니다.

우리가 복음에 담긴 자비롭고 의로우신 하나님의

뜻을 알고 순종하게 하시니 더욱 감사합니다.

혈통이나 노력이 아닌 오직 믿음으로

구원을 얻는다는 말씀을 붙들고 하나님만

의지하게 해 주세요. _____도 오직 믿음으로

하나님께 나아가 구원을 얻게 해 주세요.

예수님의 이름으로 기도합니다. 아멘.

활동하기

의로운 삶을 표현하기

의로운 삶을 그림으로 표현해 보세요. 의로운 삶을 주제로 시나 이야기를 써도 좋아요. 창의적인 표현을 통해 추상적인 개념을 실제의 삶으로 옮겨 보세요.

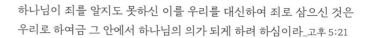

하나님이 죄를 알지도 못하신 이를 우리를 대신하여 죄로 삼으신 것은
우리로 하여금 그 안에서 하나님의 의가 되게 하려 하심이라_고후 5:21

하나님, 예수님이 죄인인 우리를 대신해서
벌을 받으셨습니다. 우리가 지은 죄를
우리 대신 지고 죽으심으로 인해
우리를 의롭게 하시니 감사합니다.
우리의 죄를 당신의 의와 맞바꾸신
예수님의 은혜를 늘 기억하게 해 주세요.
_____도 자신을 대신해서 죽으신 예수님을
주님으로 고백하는 삶을 살게 해 주세요.
예수님의 이름으로 기도합니다. 아멘.

돌아보기

'의로움'이라는 성품을 돌아보고 글로 남겨요.

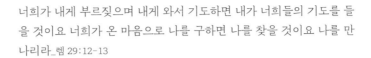

너희가 내게 부르짖으며 내게 와서 기도하면 내가 너희들의 기도를 들을 것이요 너희가 온 마음으로 나를 구하면 나를 찾을 것이요 나를 만나리라_렘 29:12-13

하나님, 바벨론의 포로였던 이스라엘 백성을 향해
그들이 기도하면 들을 것이라는 메시지를
전해 주시니 감사합니다. 우리도 어렵고 힘든
시기를 지날 때 이스라엘 백성의 기도를 들으신
하나님을 떠올리며 소망을 잃지 않기 원합니다.
우리의 기도를 듣고 만나 주시는 하나님을
전심으로 찾게 해 주세요. _____도 어렵고
힘들 때 낙심하거나 포기하지 않기 원합니다.
기도를 들으시는 하나님께
간절히 기도하게 해 주세요.
예수님의 이름으로 기도합니다. 아멘.

생각 나누기
'경청'이 무엇인지 이야기해 보세요.

여호와께서 임하여 서서 전과 같이 사무엘아 사무엘아 부르시는지라 사무엘이 이르되 말씀하옵소서 주의 종이 듣겠나이다 하니_삼상 3:10

하나님, 사무엘은 어릴 때부터
하나님의 음성을 들었습니다. 우리도 사무엘처럼
하나님의 음성을 들을 수 있기 원합니다.
세상이나 사람들의 소리에만 파묻혀 있지 않게
해 주세요. 강하고 자극적인 세상의 소리에
마음을 빼앗기지 않고, 하나님의 말씀을 온전히
경청하기 원합니다. _____에게도
하나님의 말씀을 들을 기회를 주시며, 말씀하실 때
귀담아듣게 해 주세요. _____가 하나님의 음성을
분별하여 잘 듣는 사람이 되기를 원하며,
예수님의 이름으로 기도합니다. 아멘.

성경 인물을 만나요
사무엘상 3장을 읽고, 경청을 잘했던 사무엘에 대해 이야기해 보세요.

내 사랑하는 형제들아 너희가 알지니 사람마다 듣기는 속히 하고 말하기는 더디 하며 성내기도 더디 하라_약 1:19

하나님, 다른 사람의 말은 빨리 듣고 자신의 말은
천천히 하며 쉽게 화내지 말라고 하시니
그렇게 하기 원합니다. 다른 사람의 말을 듣고
무슨 의미인지 잘 알아듣게 해 주세요. 자신의 말만
많이 하고 다른 사람의 말을 거의 듣지 않거나
잘못 이해해서 화내지 않게 해 주세요.
_____도 자신의 말만 하지 않고 상대방의 말을
잘 경청하게 해 주세요. 잘 듣고 공감하며 반응하여
의사소통을 잘하는 사람이 되게 해 주시기를 원하며,
예수님의 이름으로 기도합니다. 아멘.

성품 알아보기
경청은 상대방이 하는 말에 귀 기울이고 주의 깊게 듣는 거야. 대충
듣고 흘려버리지 않지. 경청을 잘하는 사람은 다른 생각이나 행동
을 하지 않고 말하는 사람에게 집중해. 자기 멋대로 상대방의 생각
이나 감정을 비판하지 않고 이해하려고 노력하지. 고개를 끄덕이
거나 "그랬구나"라고 말하면서 말이야. 결국 말하는 사람은 존중받
는다는 느낌을 받게 되어 경청해 주는 사람을 더 신뢰하게 된단다.
너도 경청을 잘하는 사람이 되어 보겠니?

사연을 듣기 전에 대답하는 자는 미련하여 욕을 당하느니라_잠 18:13

하나님, 상대방의 이야기를 다 듣기도 전에
대답하지 않기 원합니다. 상대의 의도나 생각을
잘 이해하지 못한 채로 말하면 엉뚱한 대답을
할 수도 있습니다. 결정을 내리기 전에 먼저
잘 듣게 해 주세요. 신중하게 생각하고
말하기 원합니다. 급히, 서둘러서 하고 싶은
말만 하는 어리석은 사람이 되지 않게 해 주세요.
또한 듣기도 전에 대답하는 어리석은 자가 되지 않게
해 주세요. _____도 상대방의 말을 잘 듣고
생각한 후 대답하는 여유를 허락해 주시기를 원하며,
예수님의 이름으로 기도합니다. 아멘.

일상 둘러보기
경청하는 모습을 찾아요.
경청을 잘하는 사람이 말을 들을 때의 모습은 어떤가요? 특징을 이야기
해 보세요.

주 여호와께서 학자들의 혀를 내게 주사 나로 곤고한 자를 말로 어떻게 도와줄 줄을 알게 하시고 아침마다 깨우치시되 나의 귀를 깨우치사 학자들같이 알아듣게 하시도다_사 50:4

하나님, 아침마다 주님의 말씀을 가까이하기
원합니다. 제 귀에 하나님의 말씀을 들려주세요.
제 귀를 열어서 하나님의 말씀을 의도하신 대로
잘 알아듣게 하시고, 들은 말씀을 잘 소화해서
필요한 사람들에게 전하게 해 주세요. 또한
저의 혀를 움직여서 마음이 힘들고 지친 사람들을
도울 수 있게 해 주세요. 하나님께서 _____의
귀도 열어서 말씀을 들려주시고, _____가
진리의 말씀과 하나님의 명령에 순종하게 해 주세요.
예수님의 이름으로 기도합니다. 아멘.

일상 둘러보기
경청하지 않는 모습을 찾아요.

여호와의 눈은 의인을 향하시고 그의 귀는 그들의 부르짖음에 기울이시는도다_시 34:15

하나님, 하나님은 의로운 사람들을 보시며,
그들이 부르짖는 소리를 들으십니다.
우리도 하나님의 뜻하신 바를 따라 행하는 사람이
되기 원합니다. 우리의 신음과 탄식을 듣고
귀 기울이시는 하나님께 부르짖기 원합니다.
_____에게도 하나님의 눈이 머물러 있기를
소원합니다. _____가 기도할 때 들어 주시고,
탄식할 때 하나님의 위로를 얻게 해 주세요.
예수님의 이름으로 기도합니다. 아멘.

활동하기

경청하는 시간을 가져요.

가족 중에 한 사람을 정해서, 그 사람이 오늘 있었던 기쁜 일, 속상한 일, 슬픈 일 등을 말해요. 나머지 가족은 그에게 눈을 맞추고, 몸을 기울이고 열심히 들어요. 자신의 생각으로 판단하지 않고, 이해해 보려고 노력해요. "어떤 느낌이었어?" 등으로 질문도 하고, 그 사람의 말을 반복해서 확인해 보기도 해요. 말한 사람을 격려해서 마음을 북돋워 주세요.

너는 권고를 들으며 훈계를 받으라 그리하면 네가 필경은 지혜롭게 되리라_잠 19:20

하나님, 말씀을 통해 주시는 조언을 잘 듣고
교훈에 순종하기 원합니다.
우리가 하나님의 조언과 교훈을 듣고 따를 때
결국은 지혜롭게 된다는 것을 명심하기 원합니다.
_____도 세상의 가치관과 세계관, 철학을 배우되
그 모든 것보다 하나님의 말씀을 우선순위에 두고
살아가게 해 주세요. 하나님의 교훈을 잘 듣고
배워서 지혜로워지게 해 주세요.
예수님의 이름으로 기도합니다. 아멘.

돌아보기
'경청'이라는 성품을 돌아보고 글로 남겨요.

너희 아버지의 자비로우심같이 너희도 자비로운 자가 되라_눅 6:36

하나님, 당신을 배반하고 멋대로 살며
죄를 향해 달려갔는데도 당신은 우리에게
자비를 베푸셨습니다. 세상을 구원할 구원자,
예수님을 보내어 우리를 용서하셨습니다.
하나님이 세상을 용서하고 사랑하셨듯이,
우리도 세상을 사랑하고 친절하게 대하기 원합니다.
_____도 하나님께서 세상을 사랑하셨던 것같이
세상과 세상에 있는 사람들을 사랑하게 해 주세요.
원수까지도 사랑하셨던 주님을 닮아 가게 해 주세요.
예수님의 이름으로 기도합니다. 아멘.

생각 나누기
'자비'가 무엇인지 이야기해 보세요.

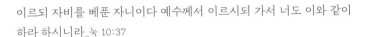

이르되 자비를 베푼 자니이다 예수께서 이르시되 가서 너도 이와 같이 하라 하시니라_눅 10:37

하나님, 예수님께서는 강도 만난 사람을 도운
선한 사마리아 사람처럼 이웃에게
자비를 베풀라고 하셨습니다. 우리도
하나님을 사랑하고 이웃을 사랑하기 원합니다.
이웃이 어려움을 겪을 때,
그냥 지나치지 않기 원합니다. 이웃을 보면
가만히 살펴서 무엇이 필요한지 알아채게 하시고,
돕게 해 주세요. _____도 이웃을 사랑하되
진심을 담아 행동으로 표현하기 원합니다.
예수님의 이름으로 기도합니다. 아멘.

성경 인물을 만나요
누가복음 10장 25-37절을 읽고, 선한 사마리아 사람의 예화를 통해 자비가 무엇인지 이야기해 보세요.

너희가 만일 여호와께 돌아오면 너희 형제들과 너희 자녀가 사로잡은 자들에게서 자비를 입어 다시 이 땅으로 돌아오리라 너희 하나님 여호와는 은혜로우시고 자비하신지라 너희가 그에게로 돌아오면 그의 얼굴을 너희에게서 돌이키지 아니하시리라 하였더라_대하 30:9

하나님, 히스기야왕은 유다와 이스라엘을 향해
하나님께로 돌아오라고 했습니다.
돌아오면 은혜롭고 자비로우신 하나님께서
그들을 맞아 환영해 주신다고 했습니다.
우리도 잘못한 것이 있을 때 무조건 두려워하며
도망치지 않기 원합니다. _____도
어떤 잘못을 했든지 용서의 하나님, 은혜와 자비가
풍성하신 하나님께로 돌아오기 원합니다.
예수님의 이름으로 기도합니다. 아멘.

성품 알아보기

성경에서 말하는 자비는 다른 사람의 아픔, 연약함을 공감해서 그를 돕거나 용서하고 긍휼하게 여기는 마음이야. 하나님은 우리를 향해 무조건적으로 자비를 베풀어 주셨지. 우리가 자격이 없는데도 죄를 용서하고 구원을 베푸셨단다. 하나님만큼 자비로우신 분은 없어. 우리도 하나님처럼 용서하기 어려운 사람을 용서하고, 도움이 필요한 사람을 도울 수 있을까?

200

29주차: 자비_ 사랑하고 가엽게 여김 (197-203)

네 하나님 여호와는 자비하신 하나님이심이라 그가 너를 버리지 아니하시며 너를 멸하지 아니하시며 네 조상들에게 맹세하신 언약을 잊지 아니하시리라_신 4:31

하나님, 하나님은 자비로우셔서
우리를 버리거나 멸망시키지 않으며,
조상들과 맺었던 언약을 잊지 않는다고 하셨습니다.
어떤 상황에서도 우리를 버리거나
멸망시키지 않으실 하나님을 바라봅니다.
우리는 하나님과의 언약을 잊을 때가 많으나,
하나님께서는 잊지 않고 반드시 약속한 것을
지키실 것을 믿습니다. _____도
신실하신 하나님, 자비로우신 하나님을
바라보며 믿음 위에 굳게 서게 해 주세요.
예수님의 이름으로 기도합니다. 아멘.

일상 둘러보기

자비를 베푸는 모습을 찾아요.

가난하고 병든 사람, 소외되고 외로운 사람을 도와준 일이 있나요? 하나님의 자비로우신 모습을 드러내는 사람이나 기관, 교회를 이야기해 보세요.

나는 자비를 원하고 제사를 원하지 아니하노라 하신 뜻을 너희가 알았
더라면 무죄한 자를 정죄하지 아니하였으리라_마 12:7

하나님, 예수님은 배고픈 제자들이 안식일에
밀 이삭을 잘라 먹은 것을 혼내지 않으셨습니다.
율법을 지키라고 강요하기보다
사랑과 자비를 베푸셨습니다.
예수님처럼 우리도 종교 규범이나 의식보다는
하나님의 사랑을 중요하게 여기기 원합니다.
무엇보다 우리가 바로 예수님의 자비와 은혜를
경험한 자들임을 잊지 않기 원합니다. _____도
하나님께서 베푸신 은혜와 자비를 경험하게 하시고,
감사하는 사람이 되게 해 주세요.
예수님의 이름으로 기도합니다. 아멘.

일상 둘러보기
자비를 베풀지 않는 모습을 찾아요.

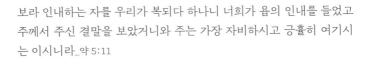

보라 인내하는 자를 우리가 복되다 하나니 너희가 욥의 인내를 들었고 주께서 주신 결말을 보았거니와 주는 가장 자비하시고 긍휼히 여기시는 이시니라_약 5:11

하나님, 욥은 많은 고난을 겪었으나 인내했고,
마지막에는 회복되었습니다. 욥에게
자비와 긍휼을 베푸셨던 하나님께 감사드립니다.
우리도 살면서 어려움과 고난을 겪겠지만, 결국에는
회복하고 역전되게 하실 하나님을 바라봅니다.
우리를 사랑하여 불쌍히 여기고 돌보시며,
아주 작은 것까지도 주관해 주실 것을 믿습니다.
_____도 하나님이 함께해 주실 것을 믿고
의지하는 사람이 되게 해 주세요. 삶 속에서
함께해 주시는 하나님을 자주 만나게 해 주세요.
예수님의 이름으로 기도합니다. 아멘.

활동하기
자비를 주제로 한 영상 보기
자비를 주제로 다룬 영화나 영상이 있을까요? 가족이 함께 시청하고, 어떻게 자비를 실천할 수 있을지 이야기해 보세요.

그러나 롯이 지체하매 그 사람들이 롯의 손과 그 아내의 손과 두 딸의 손을 잡아 인도하여 성 밖에 두니 여호와께서 그에게 자비를 더하심이었더라_창 19:16

하나님, 아브라함이 롯을 위해 기도했을 때
하나님은 그들을 소돔의 멸망으로부터
구해 내셨습니다. 소돔의 부와 명예,
안락함을 바라보며 망설일 때
천사들이 그들을 인도해 내었습니다.
우리도 하나님을 대적한 무엇인가에
유혹을 느낄 때 그것으로부터 벗어나게 해 주세요.
_____도 하나님이 아닌 우상에게
마음을 빼앗기고 있을 때 하나님의 자비하심으로
구원하고 인도해 주시기를 간절히 소원합니다.
예수님의 이름으로 기도합니다. 아멘.

돌아보기
'자비'라는 성품을 돌아보고 글로 남겨요.

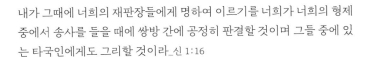

내가 그때에 너희의 재판장들에게 명하여 이르기를 너희가 너희의 형제 중에서 송사를 들을 때에 쌍방 간에 공정히 판결할 것이며 그들 중에 있는 타국인에게도 그리할 것이라_신 1:16

하나님, 모세는 이스라엘의 재판관들에게
동족 사이에 고소하고 소송하는 일을
공정하게 재판하라고 말했습니다. 어느 한쪽 편만
들지 말고, 힘없는 사람이나 유력한 사람 모두를
편견 없이 똑같이 대하라고 말했습니다. 우리도
다른 사람을 빈부귀천, 남녀노소, 장애 유무에
상관없이 공정하게 대하기 원합니다.
_____도 다른 사람을 대할 때 하나님께서 만드신
소중한 사람으로 존귀하게 여기게 해 주세요.
예수님의 이름으로 기도합니다. 아멘.

생각 나누기
'공정'이 무엇인지 이야기해 보세요.

왕이 대답하여 이르되 산 아이를 저 여자에게 주고 결코 죽이지 말라 저가 그의 어머니이니라 하매 ⋯ 이는 하나님의 지혜가 그의 속에 있어 판결함을 봄이더라_왕상 3:27-28

하나님, 솔로몬이 백성의 송사를 듣고
선악을 분별하는 지혜를 달라고 기도했을 때,
하나님은 그에게 지혜와 총명을 주셨습니다.
솔로몬이 하나님의 지혜를 가지고
분쟁을 잘 해결했던 것처럼, 우리에게도 공정하게
분별하는 지혜를 주시기 원합니다.
_____도 주변에 일어나는 일을
하나님의 뜻대로 판단하게 하시고,
공정하게 해결할 수 있는 지혜를 주세요.
예수님의 이름으로 기도합니다. 아멘.

성경 인물을 만나요
열왕기상 3장 16-28절을 읽고, 한 아이를 놓고 싸우는 두 여인의 재판을 지혜롭게 판결한 솔로몬에 대해 이야기해 보세요.

오직 온전하고 공정한 저울추를 두며 온전하고 공정한 되를 둘 것이라 그리하면 네 하나님 여호와께서 네게 주시는 땅에서 네 날이 길리라 _신 25:15

하나님, 이스라엘 백성이 지켜야 할
여러 규칙과 명령 중에는 공정한 저울추와
공정한 되에 대한 내용이 있습니다.
추와 되를 가지고 눈속임을 하여 장사하는 것을
아주 싫어하신 것처럼, 우리도 남을 속여
이득을 취하지 않기 원합니다. 무슨 일이든
공정하게 하며, 불법 행위를 하지 않기 원합니다.
_____도 다른 사람을 속이지 않고 하나님과
사람 앞에서 정정당당하게 살아가게 해 주세요.
예수님의 이름으로 기도합니다. 아멘.

성품 알아보기
공정은 외모나 지위, 권력, 부나 능력에 따라 사람을 차별하지 않고 공평하게 대하는 거야. 사람은 누구나 하나님의 형상을 닮은 소중한 존재니까 말이야. 하나님처럼 우리도 사람을 대할 때는 공정해야 한단다. 돈이나 학력, 배경, 외모에 따라 사람을 차별하거나 편애하지 않고 동등하게 대해야 해. 너도 그렇게 할 수 있겠니?

그가 굴욕을 당했을 때 공정한 재판도 받지 못하였으니 누가 그의 세대를 말하리요 그의 생명이 땅에서 빼앗김이로다 하였거늘_행 8:33

하나님, 광야에서 빌립을 만난
에디오피아 사람이 읽던 이사야서에는
예수님의 이야기가 적혀 있었습니다.
예수님께서는 공정한 재판을 받지 못한 채로
죽으셨으나, 그분은 분명히 우리를 위해
이 세상에 오신 메시아였습니다. 하나님이 보내신
예수님을 우리의 구원자로 믿고 따르기 원합니다.
_____도 예수님을 자신의 주님으로 고백하고
주님만 섬기는 사람이 되게 해 주세요.
예수님의 이름으로 기도합니다. 아멘.

일상 둘러보기
공정한 모습을 찾아요.
공정한 사람은 부자나 가난한 자, 고아나 과부, 장애인, 외국인 등 특정한 사람을 차별하지 않아요. 공정하다는 말을 들을 때 제일 먼저 생각난 사람은 누구인가요? 그 이유도 이야기해 보세요.

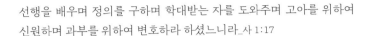

선행을 배우며 정의를 구하며 학대받는 자를 도와주며 고아를 위하여
신원하며 과부를 위하여 변호하라 하셨느니라_사 1:17

하나님, 선한 일을 배우기 원합니다. 정의를 위해
일하며, 학대받는 사람을 돕기 원합니다.
억울하게 어려움을 겪는 사람이 있다면
공정하게 대우하기 원합니다. 우리 자신에게만
집중해서 다른 사람의 어려움을 모르는 척하지는
않겠습니다. 우리의 시간과 물질, 마음을 통해
하나님의 마음을 표현하게 해 주세요.
하나님이 사람들을 공정하게 대하시는 것처럼,
_____도 사람들을 공정하게 대하게 해 주세요.
넓은 시야를 가지게 하시고, 사람들의 마음을
깊이 헤아리는 사람이 되게 해 주세요.
예수님의 이름으로 기도합니다. 아멘.

일상 둘러보기
공정하지 않은 모습을 찾아요.

속이는 저울은 여호와께서 미워하시나 공평한 추는 그가 기뻐하시느
니라_잠 11:1

하나님, 우리는 장사나 사업을 할 때

속이지 않고는 할 수 없다고 말하는 세상에서

살아갑니다. 하지만 하나님께서는

장사할 때 속이는 것을 미워하십니다.

공평하고 정직하게 장사하기를 원하십니다.

우리도 거래할 때 속이지 않기 원합니다.

하는 일이나 태도에 있어 그릇되지 않으며,

정당하고 떳떳하게 일하기 원합니다. _____도

무슨 일을 하든지 남을 속이지 않고 하나님 앞에서

정직하게 일하도록 도와주세요.

예수님의 이름으로 기도합니다. 아멘.

활동하기

공정하게 나누어요.

모임에서 간식을 공정하게 나누려면 어떻게 해야 할까요? 집안일을 공
정하게 나누려면 어떻게 해야 할까요? 의견을 이야기해 보세요.

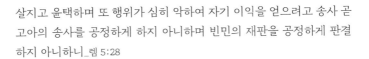

살지고 윤택하며 또 행위가 심히 악하여 자기 이익을 얻으려고 송사 곧 고아의 송사를 공정하게 하지 아니하며 빈민의 재판을 공정하게 판결하지 아니하니_렘 5:28

하나님, 악한 사람이나 사회, 국가는
고아를 돌보지 않고 가난한 이들을 부당하게
대합니다. 사회적 약자보다는 강자의 편에 섭니다.
그러나 하나님의 뜻을 아는 이들은 그러지 않습니다.
우리는 고아와 과부, 가난하고 외로운 사람들을
공정하게 대하기 원합니다. _____도
세상의 낮은 자리에 있는 사람들, 연약한 사람들을
기억하고 품는 사람이 되기 원합니다. 낮은 자리에
오신 예수님을 기억하며 살게 해 주세요.
예수님의 이름으로 기도합니다. 아멘.

돌아보기
'공정'이라는 성품을 돌아보고 글로 남겨요.

211

여호와를 경외하는 것이 지식의 근본이거늘 미련한 자는 지혜와 훈계
를 멸시하느니라_잠 1:7

하나님, 모든 것을 다 아는 체하고
배우려 하지 않거나 타인의 말을 거부하는 사람이
되지 않게 해 주세요. 우리에게 좋은 생각과
도전을 주는 사람을 가까이하고,
지혜와 훈계를 주는 사람에게 배우기 원합니다.
무엇보다 하나님을 경외함으로 얻는 지식을
소중하게 여기기 원합니다. _____도 지식을
업신여기는 어리석은 자가 되지 않게 해 주세요. 하
나님께 엎드리는 지혜로운 사람이 되기를 원하며, 예
수님의 이름으로 기도합니다. 아멘.

생각 나누기
'지식'이 무엇인지 이야기해 보세요.

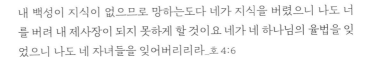

내 백성이 지식이 없으므로 망하는도다 네가 지식을 버렸으니 나도 너를 버려 내 제사장이 되지 못하게 할 것이요 네가 네 하나님의 율법을 잊었으니 나도 네 자녀들을 잊어버리리라_호 4:6

하나님, 호세아는 여로보암이 세운 거짓된
제사장들을 책망했습니다. 그들은 백성을
하나님께로 인도하고 하나님을 알도록
가르쳐야 했으나 그러지 않았기 때문입니다.
우리는 우리에게 주신 영적인 책임을
소홀히 하지 않게 해 주세요. 먼저 말씀을 잘 배우고
익혀서 하나님을 아는 지식을 가지기 원합니다.
자녀와 다음 세대에게 가르치기 원합니다.
_____도 하나님을 아는 지식이
쌓이게 하시고, 하나님과 올바른 관계를
맺는 사람으로 자라게 해 주세요.
예수님의 이름으로 기도합니다. 아멘.

성경 인물을 만나요
호세아 4장 1-10절을 읽고, 이스라엘 백성의 하나님을 아는 지식에 대해 이야기해 보세요.

213

내가 증언하노니 그들이 하나님께 열심이 있으나 올바른 지식을 따른 것이 아니니라_롬 10:2

하나님, 하나님은 믿지만 예수님은 믿지 않는
유대인들을 향해서 바울은 올바른 지식을 따른 것이
아니라고 말합니다. 우리는 오직 예수님만이
구원에 이르는 길임을 고백합니다.
예수님이 아닌 다른 길로 구원을 얻으려는 것은
잘못된 지식입니다.
예수님은 하나님께로 가는 유일한 길입니다.
_____도 예수님만으로 만족하며
그 구원의 길을 걸어갈 수 있게 해 주세요.
예수님의 이름으로 기도합니다. 아멘.

성품 알아보기
너는 세상에 대한 정보나 특정 분야에 대한 지식이 있는 편이니?
성경에서 말하는 지식은 하나님과의 관계에서 올바르게 분별할 줄
아는 능력이야. 하나님을 경외하는 마음을 가질 때, 하나님의 뜻을
선택하고 분별해서 지혜롭게 살아갈 수 있단다. 하나님을 아는 지
식을 가지려면 성경 말씀을 더욱 가까이해야 해. 말씀을 듣고 묵상
하고, 말씀대로 살아가기로 약속해 볼까?

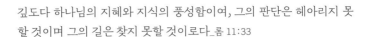

깊도다 하나님의 지혜와 지식의 풍성함이여, 그의 판단은 헤아리지 못할 것이며 그의 길은 찾지 못할 것이로다_롬 11:33

하나님, 당신의 지혜와 지식은

너무나 깊고 풍성해서 다 이해할 수 없습니다.

하나님께서 알려 주시지 않았다면

그 길을 찾을 수 없었을 것입니다.

지혜와 지식을 먼저 우리에게 알리고

보여 주신 하나님, 감사합니다. 하나님으로부터

시작해서 하나님의 뜻대로 진행하고 마치는

놀라운 지혜와 지식을 알기 원합니다. _____도

하나님의 지혜와 지식을 알아 가게 해 주세요.

예수님의 이름으로 기도합니다. 아멘.

일상 둘러보기

하나님을 아는 지식을 찾아요.

하나님을 아는 지식은 말씀에 담겨 있어요. 언제, 어디서, 누구와 함께 할 때 하나님의 지식을 깨닫게 되었는지 생각해 보세요. 당신이 찾은 하나님을 아는 지식을 나누어 주세요.

새사람을 입었으니 이는 자기를 창조하신 이의 형상을 따라 지식에까지
새롭게 하심을 입은 자니라_골 3:10

하나님, 예수님을 통해 구원을 얻게 하시니
감사합니다. 죄의 습관대로가 아니라
하나님의 뜻대로 선택하는 일이
점점 더 많아지게 해 주세요.
매일 하나님을 알아 갈 기회를 주시고, 그것을
통해 하나님을 아는 지식이 풍성해지기 원합니다.
_____도 주님 안에서 형상이 회복되게 하시고,
하나님을 더 깊이 알아 가며 자라게 해 주세요.
예수님의 이름으로 기도합니다. 아멘.

일상 둘러보기
거짓된 지식이 우리에게 준 영향을 찾아요.

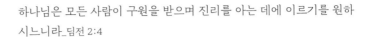

하나님은 모든 사람이 구원을 받으며 진리를 아는 데에 이르기를 원하시느니라_딤전 2:4

하나님, 바울은 하나님께서 모든 사람이 구원받고
진리를 알기를 원하신다고 했습니다. 우리에게도
복음을 들려주시고, 우리를 은혜의 자리에
초대해 주시니 감사합니다. 또한 우리가
진리를 아는 자가 되기를 원한다고 하시니
그러기를 원합니다. 구원의 핵심 진리가 무엇인지
깊이 알아 가게 해 주세요. _____도 구원받고
하나님의 진리를 알게 해 주시기 원합니다.
자신을 죄로부터 구원하고 하나님께로 인도해 주는
진리 안에 거하게 해 주세요.
예수님의 이름으로 기도합니다. 아멘.

활동하기

걸으면서 기도해요.

걸으면서 기도해 봤나요? 걷는 중에 하나님의 말씀을 묵상하며, 하나님의 뜻과 진리를 깨닫기 원합니다. 하나님께서 지혜와 지식을 주시도록 기도해요. 따로, 또 같이 기도한 대로 삶 속에서 열매 맺게 해 달라고 기도하기 원합니다.

217

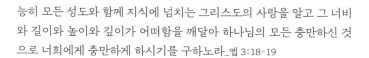

31주차: 지식_ 배운 것을 바르게 인식함 (211-217)

능히 모든 성도와 함께 지식에 넘치는 그리스도의 사랑을 알고 그 너비와 길이와 높이와 깊이가 어떠함을 깨달아 하나님의 모든 충만하신 것으로 너희에게 충만하게 하시기를 구하노라_엡 3:18-19

하나님, 하나님께서 베푸신 사랑을
알아 가기 원합니다. 아낌없이 주신 사랑의 너비와
길이와 높이와 깊이를 알아 가기 원합니다.
하나님께서 사랑으로 우리 삶의 구석구석을
충만하게 덮어 주세요. 하나님의 사랑이
얼마나 크고 넓은지, 그 사랑이 얼마나 깊은지를
삶의 자리에서 경험하게 해 주세요.
_____도 하나님의 사랑을 머리와 가슴으로
삶 속에서 알아 가게 해 주세요.
예수님의 이름으로 기도합니다. 아멘.

돌아보기
하나님의 '지식'을 돌아보고 글로 남겨요.

선함,
하나님의 바람을 행하는 삶

구약에서 선함은, 하나님이 세상을 창조하고 보기에 '좋았다'고 하셨을 때 처음으로 나옵니다. 창조된 세상이 하나님의 계획과 목적에 맞았을 때 흡족하게 여기셨던 모습을 떠올리면 선함이 무엇인지 알 수 있습니다.

한편, "하나님 한 분 외에는 선한 이가 없느니라"(막 10:18)라는 말씀처럼, 완전하게 선한 분은 오직 하나님 한 분밖에 없습니다. 우리가 행하는 선은 결국 하나님의 뜻대로 사는 삶이고, 하나님이 바라시는 대로 행하는 삶입니다. "사람아 주께서 선한 것이 무엇임을 네게 보이셨나니 여호와께서 네게 구하시는 것은 오직 정의를 행하며 인자를 사랑하며 겸손하게 네 하나님과 함께 행하는 것이 아니냐"(미 6:8)라는 말씀을 기억하며 살아가기 원합니다.

우리가 선하신 하나님을 드러내는 선한 사역을 할 때, 사람들은 우리를 보면서 하나님을 알게 될 것이고, 하나님께 영광을 돌리게 될 것입니다. 절제하고 순종함으로 하나님 안에서 협력하여 주님을 높여 드리기 원합니다.

8월에는 선하신 하나님의 바람대로 하나님과 동행하시기를 소원합니다.

218

너희는 여호와의 선하심을 맛보아 알지어다 그에게 피하는 자는 복이 있도다_시 34:8

하나님, 하나님께서 먼저
당신의 선한 뜻을 보여 주지 않으셨다면
우리는 하나님을 알 수 없었을 것입니다.
친절하고 자비로우며 사랑이 많은 하나님의 모습을
우리가 온몸과 삶을 통해 보고, 듣고,
맛볼 수 있게 해 주셔서 감사합니다.
＿＿＿＿도 하나님의 선하신 모습을
생생하게 경험하며 살게 해 주세요.
예수님의 이름으로 기도합니다. 아멘.

생각 나누기
'선함'이 무엇인지 이야기해 보세요.

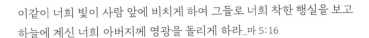

이같이 너희 빛이 사람 앞에 비치게 하여 그들로 너희 착한 행실을 보고 하늘에 계신 너희 아버지께 영광을 돌리게 하라_마 5:16

하나님, 당신의 빛을 사람들에게 보여 주는
착한 행실을 하기 원합니다.
말해야 할 때 당당하게 말하게 해 주세요.
남이 하는 대로가 아니라 하나님의 말씀대로
행동하게 해 주세요. 죄를 향해서 걸어가지 않고
하나님을 향해서 살게 해 주세요.
하나님의 빛을 반사하는 우리가 되어 하나님께
영광 돌리기 원합니다. ＿＿＿＿＿도 착한 행실을 통해
하나님을 드러내는 사람이 되기를 원하며,
예수님의 이름으로 기도합니다. 아멘.

성경 인물을 만나요
마태복음 5장 1-16절을 읽고, 예수님이 말씀하신 착한 행실을 하는 사람에 대해 이야기해 보세요.

악에게 지지 말고 선으로 악을 이기라_롬 12:21

하나님, 악한 원수가 우리를 괴롭힐 때 그에게
지지 말고 다만 선으로 대응하라고 하셨습니다.
악이 이기도록 놔두지 않고 선을 행함으로써 악을
이겨 내기 원합니다. 우리에게 악을 행하는 이에게
똑같이 앙갚음하지 않겠습니다. 친절하게 대하고
도와주게 해 주세요. 하지만 그렇게 하기가
쉽지 않으니 하나님께서 도와주세요.
_____도 용서하고 화해하면서
선한 행동을 하는 사람이 되게 해 주세요.
악을 선으로 갚는 _____가 되기를 원하며,
예수님의 이름으로 기도합니다. 아멘.

성품 알아보기

너는 착하다는 말을 듣는 편이니? 성경에서 말하는 선함은 단순히
착한 것을 넘어서서 하나님을 닮은 성품을 말해. 선하신 하나님은
우리에게 하나님을 사랑하고 이웃을 사랑하라고 하신단다. 사랑과
자비, 신실함, 정의로우신 하나님의 성품을 닮는 거지. 이런 성품은
삶에서 열매로 드러나게 돼 있어. 너의 삶 속에서 선하신 하나님을
드러내는 말과 행동을 하면 좋겠다. 그럴 수 있겠니?

221

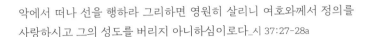

악에서 떠나 선을 행하라 그리하면 영원히 살리니 여호와께서 정의를
사랑하시고 그의 성도를 버리지 아니하심이로다_시 37:27-28a

하나님, 악에서 떠나 선을 행하기 원합니다.

선을 행하기가 악을 행하기보다 어렵지만,

그 길을 가기 원합니다. 하나님께서 선한 일을

좋아하시고 선을 행하는 이들을 버리지 않으시니,

하나님이 기뻐하시는 길을 선택하게 해 주세요.

_____도 선과 악이 놓여 있을 때

선한 것을 택하기 원합니다. 실수하고 실패해도

꾸준히 그 길을 가도록 도와주세요.

예수님의 이름으로 기도합니다. 아멘.

일상 둘러보기

선한 모습을 찾아요.

이 땅에서 선한 청지기로 살아가는 사람을 알고 있다면 말해 보세요.

어떤 점을 보고 그렇게 생각했나요?

삼가 누가 누구에게든지 악으로 악을 갚지 말게 하고 서로 대하든지 모든 사람을 대하든지 항상 선을 따르라_살전 5:15

하나님, 우리가 서로를 대할 때 인내하고
상대방의 필요에 귀 기울이기 원합니다.
아직 하나님을 믿지 않는 사람들에게도 그렇게 하기
원합니다. 우리에게 악을 행한 사람에게도
악한 방법으로 원수를 갚지 않겠습니다.
오직 하나님께서 명하신 선한 마음과 선한 생각으로
서로를 대하게 해 주세요. _____도
하나님을 믿는 친구든 아니든 상관없이
항상 선하게 대할 수 있게 해 주세요.
예수님의 이름으로 기도합니다. 아멘.

일상 둘러보기
선하지 않은 모습을 찾아요.

우리는 그가 만드신 바라 그리스도 예수 안에서 선한 일을 위하여 지으심을 받은 자니 이 일은 하나님이 전에 예비하사 우리로 그 가운데서 행하게 하려 하심이니라_엡 2:10

하나님, 우리는 하나님께서 만드신 귀한 존재입니다.
예수님 안에서 선한 일을 하도록 지으셨으니
하나님이 미리 준비해 두신 선한 일을 하기
원합니다. 먼저 우리 자신을 사랑하고 존중하며,
귀하게 여기기 원합니다. _____도 자신을
하나님께서 만들어 가시는 귀한 작품으로 여겨서
사랑하게 해 주세요. 또한 다른 사람들도
하나님의 귀한 사람으로 여기며 살아가게 해 주세요.
예수님의 이름으로 기도합니다. 아멘.

활동하기
과일 키트 전달하기
가족에게 선한 마음을 보여 준 사람들이 있을 거예요. 그들에게 과일 컵 혹은 과일 바구니를 만들어서 감사한 마음을 전달해 보세요. 과일을 담으면서 감사한 마음으로 기도하고, 그 마음을 카드에 적어 보세요. 과일을 전달할 때, 감사하다는 인사도 잊지 마세요.

사랑하는 자여 악한 것을 본받지 말고 선한 것을 본받으라 선을 행하는
자는 하나님께 속하고 악을 행하는 자는 하나님을 뵈옵지 못하였느니라
_요삼 1:11

하나님, 악을 행하는 사람은 하나님을 뵐 수 없고,

선을 행하는 사람은 하나님께 속한다는 말을

명심하기 원합니다. 우리가 악을 행해서

하나님을 저버리는 사람이 되지 않고,

선을 행해서 하나님 안에 있게 해 주세요.

_____도 말씀을 기준으로 선한 일과 악한 일을

잘 분별하게 하시고, 선하신 하나님을

본받기 원하는 이들과 사귀어

그들로부터 잘 배우게 해 주세요.

예수님의 이름으로 기도합니다. 아멘.

돌아보기
'선함'이라는 성품을 돌아보고 글로 남겨요.

225

두 사람이 한 사람보다 나음은 그들이 수고함으로 좋은 상을 얻을 것임이라 혹시 그들이 넘어지면 하나가 그 동무를 붙들어 일으키려니와 홀로 있어 넘어지고 붙들어 일으킬 자가 없는 자에게는 화가 있으리라
_전 4:9-10

하나님, 일할 때 함께할 수 있는 친구를 주셔서
감사합니다. 외롭거나 힘들게 지내지 않고
함께 나눌 수 있는 동료, 동역자, 친구,
가족을 주셔서 감사합니다. 혼자 있다면
넘어져도 도와줄 사람이 없을 텐데,
서로 돕고 나눌 수 있는 사람이 있어서 좋습니다.
_____도 살면서 좋은 친구, 동역자, 배우자를
만날 수 있도록 인도해 주세요. 하나님과 이웃을
사랑하며 잘 섬기는 삶을 살게 해 주세요.
예수님의 이름으로 기도합니다. 아멘.

생각 나누기
'협력'이 무엇인지 이야기해 보세요.

성벽 역사가 오십이 일 만인 엘룰월 이십오 일에 끝나매 우리의 모든 대적과 주위에 있는 이방 족속들이 이를 듣고 다 두려워하여 크게 낙담하였으니 그들이 우리 하나님께서 이 역사를 이루신 것을 앎이니라 _느 6:15-16

하나님, 느헤미야와 백성은 무너졌던
예루살렘 성벽을 52일 만에 재건했습니다.
대적들이 방해했지만, 하나님의 도우심으로
성벽을 잘 쌓았습니다. 불가능해 보이는 일이라 해도
하나님 안에서 마음과 힘을 모으면
해결할 수 있음을 알게 하시니 감사합니다.
_____도 무슨 일을 하든 하나님께서 원하시는
일인지 잘 생각하게 하시고, 하나님의 일이라면
겁내지 않고 잘 감당하게 해 주세요.
돕는 손길을 허락해 주셔서 잘 해내게 해 주세요.
예수님의 이름으로 기도합니다. 아멘.

성경 인물을 만나요
느헤미야 6장을 읽고, 대적들의 방해에도 불구하고 협력해서 성벽을 완성한 느헤미야와 백성에 대해 이야기해 보세요.

몸은 하나인데 많은 지체가 있고 몸의 지체가 많으나 한 몸임과 같이 그리스도도 그러하니라_고전 12:12

하나님, 우리 몸에 머리, 팔, 다리, 세포와 혈관 등
여러 지체가 있지만 한 몸을 이루듯이,
그리스도인들도 서로 다르지만
한 몸을 이루게 하시니 감사합니다.
각자 자신의 은사로 그리스도 안에서
서로를 섬기고 조화를 이루기 원합니다.
자기만 잘났다고 여기거나, 자신을 불필요한
존재라고도 여기지 않게 해 주세요.
_____도 자신에게 주신 은사를 잘 활용해서
그리스도의 한 몸을 이루게 해 주세요.
예수님의 이름으로 기도합니다. 아멘.

성품 알아보기

협력은 하나님의 뜻을 이루기 위해 사람들이 힘을 합해서 행동하는 것을 말해. 자기가 맡은 역할을 하되, 은사대로 마음을 합쳐서 일할 때 예수님의 몸인 교회가 든든히 설 수 있지. 혼자서도 할 수 있지만 함께 하면 더 좋은 일에는 무엇이 있을까? 다른 사람을 섬기고 서로의 필요를 채우면서 더욱 하나가 될 수 있는 일 말이야.

우리는 하나님의 동역자들이요 너희는 하나님의 밭이요 하나님의 집
이니라_고전 3:9

하나님, 다양한 은사를 가진 사람들이 모여서
하나님의 일을 하게 해 주시니 감사합니다. 각자
독특한 은사로 하나님의 집을 세우게 해 주세요.
하나님이 주신 은사가 무엇인지를 찾게 하시고,
그 은사를 하나님께서 사용하시도록
겸손하게 내어 드리기 원합니다.
_____도 하나님의 사람들과
함께 어울려 배우며 일할 수 있게 하시고,
하나님께 인정받는 일꾼이 되게 해 주세요.
예수님의 이름으로 기도합니다. 아멘.

일상 둘러보기
협력하는 모습을 찾아요.
성경에서 협력했던 사람들을 찾아보세요. 성경 밖에서도 협력해서 선
한 일을 이루는 경우를 찾아보세요. 협력하려면 서로가 가진 은사를 인
정하고 겸손하게 섬겨야 해요. 목표를 세우면, 그 목표를 위해서 자기
목소리를 줄여야 하죠.

철이 철을 날카롭게 하는 것같이 사람이 그의 친구의 얼굴을 빛나게 하느니라_잠 27:17

하나님, 철이 철을 날카롭게 하듯이,
친구는 친구를 더 예리하게 만든다는 것을
알게 하시니 감사합니다. 좋은 친구들과의
협업을 통해서 서로 성장하게 해 주세요.
좋은 자극과 도전을 주면서 서로 격려하는 사이가
되게 해 주세요. 혼자서도 성장할 수 있지만,
좋은 지인과 친구를 통해서 더 멋지게 성장하게
해 주세요. _____도 인생에서 함께할 수 있는
좋은 친구들을 만나게 하셔서
신앙과 삶을 나누게 해 주세요.
예수님의 이름으로 기도합니다. 아멘.

일상 둘러보기
협력하지 않는 모습을 찾아요.

그리스도의 평강이 너희 마음을 주장하게 하라 너희는 평강을 위하여
한 몸으로 부르심을 받았나니 너희는 또한 감사하는 자가 되라_골 3:15

하나님, 우리 마음에는 불안과 두려움, 갈등이
뒤엉켜서 요동칠 때가 많습니다. 여러 사람의 마음을
조화롭게 하고 보조를 맞추어서 협력하게 하려면
예수님이 주시는 평강이 필요합니다. 우리 각자의
마음에 예수님의 평강을 허락해 주세요. 우리를
예수님께서 다스려 한 몸이 되게 해 주세요.
_____도 예수님의 평강을 지닌
사람이 되게 하시어, 예수님을 닮은 사람들과
하나가 되는 경험을 하게 해 주세요.
예수님의 이름으로 기도합니다. 아멘.

활동하기

협력 게임을 해요.

보드게임 중에는 협력해서 하는 게임이 있어요. 퍼즐 맞추기나 음식
만들기, 방 청소 등 협력하면 쉽게 할 수 있는 것도 있어요. 무엇이든 협
력이 필요한 일을 해 보세요.

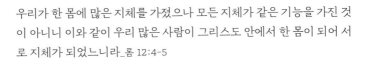

우리가 한 몸에 많은 지체를 가졌으나 모든 지체가 같은 기능을 가진 것이 아니니 이와 같이 우리 많은 사람이 그리스도 안에서 한 몸이 되어 서로 지체가 되었느니라_롬 12:4-5

하나님, 우리 몸에 있는 여러 지체가

뇌의 명령으로 움직이고 조화를 이루듯이,

그리스도의 공동체도 예수님을 머리로 하여

연합하게 해 주세요.

하나님께서 택하여 한 몸이 되게 하셨으니

우리 각자는 다르지만, 예수님의 권위 아래서

하나가 되기 원합니다. _____도

예수님을 사랑하는 사람들과 한 몸을 이루어

하나님께 영광 돌리는 삶을 살게 해 주세요.

예수님의 이름으로 기도합니다. 아멘.

돌아보기

'협력'이라는 성품을 돌아보고 글로 남겨요.

모든 사람에게 구원을 주시는 하나님의 은혜가 나타나 우리를 양육하시되 경건하지 않은 것과 이 세상 정욕을 다 버리고 신중함과 의로움과 경건함으로 이 세상에 살고_딛 2:11-12

하나님, 모든 사람에게 구원을 주시는
은혜를 허락해 주셔서 감사합니다.
예수님이 당신의 생명을 내어 주신 덕분에
자격 없는 우리가 구원을 얻었습니다. 그러니
경건하지 않은 것과 정욕을 다 버리고 우리 자신을
절제하기 원합니다. 하나님 앞에서 신중하고 의롭게,
경건하게 살아가기 원합니다. 하나님께서
_____의 속사람도 경건하게 양육해 주시고,
달라진 모습으로 세상을 살아가게 해 주세요.
예수님의 이름으로 기도합니다. 아멘.

생각 나누기
'절제'가 무엇인지 이야기해 보세요.

그때에는 이스라엘에 왕이 없었으므로 사람마다 자기 소견에 옳은 대로 행하였더라_삿 17:6

하나님, 사사 시대의 사람들은
자신의 이익을 따라서 행했습니다.
하나님이 제시하시는 삶의 방식을 거부하고
자기 멋대로 살았습니다. 우리는 그러지 않기
원합니다. 하나님의 말씀을 따라 살아가기 원합니다.
무엇이 하나님의 뜻대로 사는 것인지,
하나님이 보시기에 무엇이 옳고 그른 것인지를
잘 분별하게 해 주세요. _____도 자신이 아니라
하나님이 기준이 되시는 삶을 살기 원합니다.
함께해 주세요.
예수님의 이름으로 기도합니다. 아멘.

성경 인물을 만나요
사사기 17장 1-6절을 읽고, 미가가 한 일과 그 시대에 대해 이야기해 보세요.

자기의 마음을 제어하지 아니하는 자는 성읍이 무너지고 성벽이 없는 것과 같으니라_잠 25:28

하나님, 성벽이 외부의 침입을 막고
백성을 보호하듯이, 우리에게도 자제력을 주시어
마음을 제어할 수 있기 원합니다.
당황스러운 상황에 직면하거나 분노하고 불안하여
스트레스가 몰려올 때도 마음을 잘 조절할 수
있기 원합니다. 하나님께서 주시는 지혜로 마음을
절제할 수 있게 해 주세요. _____도
어쩔 수 없는 어려운 상황에 있을 때 보호해 주시고,
하나님이 주시는 자제력으로
어려움을 잘 극복하게 해 주세요.
예수님의 이름으로 기도합니다. 아멘.

성품 알아보기
절제는 우리의 충동과 욕망을 하나님의 뜻이나 말씀에 따라서 조절하는 거야. 우리가 말이나 행동, 감정, 음식이나 물질 등에서 유혹을 이기고, 절제하며 균형 잡힌 삶을 살 때 하나님은 아주 기뻐하시지. 성경에서 절제를 잘했던 인물로는 예수님(마 4:1-11), 요셉(창 39:7-10), 다니엘과 세 명의 친구(단 1:8-16) 등이 있단다.

235

34주차: 절제_ 충동과 욕망을 조절함 (232-238)

내가 내 몸을 쳐 복종하게 함은 내가 남에게 전파한 후에 자신이 도리어
버림을 당할까 두려워함이로다_고전 9:27

하나님, 바울은 복음을 전한 후에

도리어 버림받는 일이 없도록 정신을 차리고

방심하지 않았습니다. 다른 사람들에게는 말씀대로

살라고 하면서 정작 우리는 하나님의 말씀에서

멀어져 있는 것은 아닌지 돌아보기 원합니다.

우리가 전한 말씀대로 살게 해 주세요.

_____도 자신의 삶을 절제하고 하나님 앞에서

성실하게 살아가게 해 주시기를 원하며,

예수님의 이름으로 기도합니다. 아멘.

일상 둘러보기

절제하는 모습을 찾아요.

우리는 음식이나 게임, 용돈 등에서 절제를 잘하는 편인가요? 절제 했
을 때의 유익한 점을 생각해 보세요.

노하기를 더디 하는 자는 용사보다 낫고 자기의 마음을 다스리는 자는
성을 빼앗는 자보다 나으니라_잠 16:32

하나님, 잠언 기자는 정치 권력을 가지는 것보다
마음을 다스리는 자제력을 가지는 편이
낫다고 했습니다. 우리가 통제력을 잃거나
지나치게 분노하지 않게 해 주세요. 우리의 욕구와
감정을 알아채고 다스릴 수 있기 원합니다.
_____도 자신의 감정을 잘 다스리지 못해서
가정과 직장, 학교에서 어려움을 겪지 않도록
인도해 주세요. 어려서부터 자신의 감정을 알고
마음을 잘 표현할 수 있게 도와주세요.
예수님의 이름으로 기도합니다. 아멘.

일상 둘러보기
절제하지 않는 모습을 찾아요.

망령되고 허탄한 신화를 버리고 경건에 이르도록 네 자신을 연단하라 육체의 연단은 약간의 유익이 있으나 경건은 범사에 유익하니 금생과 내생에 약속이 있느니라_딤전 4:7-8

하나님, 몸을 단련하는 것이 유익한 만큼

하나님 안에서 받는 경건 훈련도

정말 유익하다고 하시니, 영적 훈련을

받기 원합니다. 하나님으로부터 받는 훈련을 통해,

현재는 물론 영원토록 건강한 몸과 마음, 영혼을

소유하게 해 주세요. _____도 주님 안에서

영육 모두가 더욱 강건하기 원합니다. 날마다 말씀을

가까이하고 믿음으로 섬기는 사람이 되게 해 주세요.

예수님의 이름으로 기도합니다. 아멘.

활동하기

절제 일기 쓰기

절제하기 어려운 것은 무엇인가요? 핸드폰, 음식, 인터넷 쇼핑, 사람 만나기, 유튜브 등 정말 많을 거예요. 절제 일기장을 준비한 후에, 매일 절제를 잘 실천하고 있는지 상황을 적어 보세요. 일주일 혹은 한 달 동안 실시하고 얼마나 바뀌었는지 점검해 보세요.

만물의 마지막이 가까이 왔으니 그러므로 너희는 정신을 차리고 근신
하여 기도하라_벧전 4:7

하나님, 예수님이 다시 오셔서 심판할
마지막 날이 가까워 오니 정신 차리라고 하신 말씀을
다시금 마음에 새겨 봅니다. 마지막 심판을
늘 염두에 두고 오늘을 어떻게 살아야 할지를
생각하게 해 주세요. 정신 차리고 절제하며
기도하기 원합니다. ＿＿＿＿도 마지막 심판이
없을 것처럼, 예수님이 오시지 않을 것처럼
하고 싶은 대로 하면서 살지 않기를 원합니다.
마지막 시대를 살아가는 책임 있는
그리스도인으로 살아가게 해 주세요.
예수님의 이름으로 기도합니다. 아멘.

돌아보기

'절제'라는 성품을 돌아보고 글로 남겨요.

세계가 다 내게 속하였나니 너희가 내 말을 잘 듣고 내 언약을 지키면 너희는 모든 민족 중에서 내 소유가 되겠고_ 출 19:5

하나님, 하나님은 수많은 나라 중에서

이스라엘과의 특별한 관계를 통해

하나님 나라와 구원을 보여 주셨습니다.

우리도 하나님의 말씀을 잘 듣고 언약을 지켜서

하나님의 소유, 특별한 보물 같은 존재가

되기 원합니다. _____도 하나님의 말씀에

순종하고 언약을 지켜서 하나님의 특별한 사람으로

보호받고 복을 얻게 해 주세요.

예수님의 이름으로 기도합니다. 아멘.

생각 나누기

'순종'이 무엇인지 이야기해 보세요.

베드로와 사도들이 대답하여 이르되 사람보다 하나님께 순종하는 것이
마땅하니라_행 5:29

하나님, 베드로와 사도들은 유대의 지도자들이
복음을 전하지 말라고 명령했을 때, 그들의
말을 듣지 않고 하나님을 우선순위에 두었습니다.
우리도 세상에서 사는 동안
세상 권력과 하나님 중에서 무엇을 섬겨야 하는지
고민하게 될 때가 있습니다. 그럴 때 하나님과
인간 권세를 동시에 섬길 수 없음을 깨닫게 하시고,
올바로 결단하도록 인도해 주세요.
_____도 겉으로만 하나님을 잘 믿는 것처럼
보이는 사람이 아니라, 진실하게 마음 깊은 곳에서
순종하는 사람이 되게 해 주세요.
예수님의 이름으로 기도합니다. 아멘.

성경 인물을 만나요
사도행전 5장 7-42절을 읽고, 베드로와 사도들이 복음 전파를 위
해 누구에게 순종했는지 이야기해 보세요.

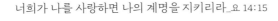

너희가 나를 사랑하면 나의 계명을 지키리라_요 14:15

하나님, 우리가 하나님을 사랑할 때
하나님의 계명을 지키고 순종하게 된다는 것을
가르쳐 주시니 감사합니다.
예수님도 하나님을 사랑했기에 말씀하신 대로
이 땅에 오셨고, 순종의 삶을 사셨습니다.
우리도 하나님을 사랑하는 마음으로
하나님께 순종하기 원합니다.
_____도 하나님을 사랑하는 마음을
말씀을 지키는 순종으로 드러내게 해 주세요.
예수님의 이름으로 기도합니다. 아멘.

성품 알아보기
순종은 하나님의 말씀과 하나님의 뜻에 온전히 따르는 것을 말해.
단순히 규칙을 지키거나 상대방이 두려워서 겉으로만 따르는 척하
지 않고 진심으로, 자발적으로 사랑하고 믿는 거야. 너는 너의 욕심
을 내려놓고 하나님의 주권을 인정할 수 있겠니?

그런즉 네 하나님 여호와를 사랑하여 그가 주신 책무와 법도와 규례와
명령을 항상 지키라_신 11:1

하나님, 하나님께서는 이스라엘 백성이

하나님을 사랑하고 순종하기를 바라셨습니다.

하지만 그들은 실패할 때가 더 많았습니다.

사랑하는 마음 없이 껍데기로만 순종한다면

율법주의로 흐르는 것이니,

그렇게 하지 않기 원합니다. 사는 날 동안 항상

하나님이 주신 법도와 규례와 명령을 지키기 위해

노력하겠습니다. 함께해 주세요.

_____도 하나님의 말씀을 지키며

하나님을 더욱 사랑하기 원합니다.

예수님의 이름으로 기도합니다. 아멘.

일상 둘러보기

순종하는 모습을 찾아요.

우리는 어른이나 부모님께 진심으로 순종하는 편인가요? 하나님께도
잘 순종하나요? 순종하는 모습을 서로 말해 주세요.

그러므로 나의 사랑하는 자들아 너희가 나 있을 때뿐 아니라 더욱 지금 나 없을 때에도 항상 복종하여 두렵고 떨림으로 너희 구원을 이루라_빌 2:12

하나님, 바울은 빌립보교회의 교인들에게
자기가 있든 없든 항상 순종하며, 두렵고 떨림으로
구원을 이루라고 말합니다. 우리도 계속해서
순종하며 구원을 이루어 가기 원합니다.
하나님은 우리를 통해서 일하시니,
기꺼이 우리를 주님께 복종시켜
구원을 이루어 가기 원합니다. _____도
누가 보든 안 보든, 리더가 있든 없든 간에
하나님 앞에서 순종하는 사람이 되게 해 주세요.
예수님의 이름으로 기도합니다. 아멘.

일상 둘러보기
순종하지 않는 모습을 찾아요.

너희를 인도하는 자들에게 순종하고 복종하라 그들은 너희 영혼을 위하여 경성하기를 자신들이 청산할 자인 것같이 하느니라 그들로 하여금 즐거움으로 이것을 하게 하고 근심으로 하게 하지 말라 그렇지 않으면 너희에게 유익이 없느니라_히 13:17

하나님, 교회의 지도자들은 성도들을 돕고

그들의 성장을 위해 기도하며,

영적인 책임을 지고 갑니다. 성도인 우리도

우리를 인도하는 이들에게 순종하기 원합니다.

즐겁게 사역할 수 있도록 동역하기 원합니다.

_____도 자신을 돌아보는 사역자를 위해

기도하며 기쁘게 사역할 수 있도록

순종하고 돕는 자가 되게 해 주세요.

예수님의 이름으로 기도합니다. 아멘.

활동하기

들숨과 날숨 기도

순종하기 어려운 일이나 상황이 있나요? 그럴 때는 단순히 사람의 힘이나 지혜, 노력만으로는 순종할 수 없어요. 하나님이 주시는 힘으로 할 수 있지요. 숨을 들이쉬면서 '하나님', 내쉬면서 '순종하겠습니다'라고 이야기해 보세요. 일주일 동안 들숨과 날숨으로 하나님께 순종할 것을 생각하면서 기도해 보세요.

245

내 아들아 나의 법을 잊어버리지 말고 네 마음으로 나의 명령을 지키라
_잠 3:1

하나님, 잠언 기자는 하나님의 법을 잊지 말고,
마음으로 명령을 지키라고 합니다.
이 말씀을 우리에게 하시는 것으로 알고
순종하기 원합니다. 말씀을 잊지 않고
마음에 새겨서 삶으로 지켜 내기 원합니다.
_____도 하나님의 말씀을 잊지 않도록
외우며 되뇌게 하시고, 머리로만 아는 것이 아니라
행함으로 지키는 사람이 되게 해 주세요.
예수님의 이름으로 기도합니다. 아멘.

돌아보기
'순종'이라는 성품을 돌아보고 글로 남겨요.

지혜,
여호와를 경외하는 삶

지혜는 하나님을 경외하고 그분의 뜻을 이해하며 살아가는 능력입니다. 잠언 기자는 "여호와를 경외하는 것이 지혜의 근본"(잠 9:10)이라고 했습니다. 성경이 말하는 지혜는 세상에서 말하는 지혜와는 다릅니다. 단순히 어느 분야에 대한 지식이나 현명함을 넘어서는 개념입니다. 하나님을 두려워하고, 하나님의 뜻을 향해 가며, 하나님이 원하시는 것을 선택할 때 우리는 지혜를 얻을 수 있습니다.

성경 곳곳에는 하나님의 지혜가 담겨 있습니다. 솔로몬왕은 하나님과 세상에 담긴 질서를 인정하면서 지혜롭게 살아가야 한다고 말했습니다(잠 2:1-6). 또한 야고보는 위로부터 오는 지혜는 성결하고, 화평하고, 관용하고, 선한 열매가 가득하다면서, 하나님 앞에서 편견과 거짓이 없는 지혜로운 삶을 살라고 말했습니다(약 3:13, 17-18). 결국 우리는, 누구보다 은혜와 지혜가 충만하셨던(눅 2:40, 52) 예수님의 말씀을 묵상하고, 예수님이라면 어떻게 하셨을까를 생각하며 그분이 가신 길을 가는 것이 지혜를 얻는 길임을 알게 됩니다.

9월에는 사려 깊고 이해심이 많은 사람, 지혜롭게 분별할 줄 아는 사람이 되어 봅니다. 지혜의 근원이신 하나님을 경외하는 가을이 되기 원합니다.

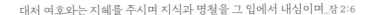

대저 여호와는 지혜를 주시며 지식과 명철을 그 입에서 내심이며_잠 2:6

하나님, 하나님께서는 지혜를 주시고
지식과 명철도 숨기지 않으십니다.
세상이 주는 지혜가 아닌 하나님의 지혜를 따라
살아가는 우리가 되기 원합니다. 하나님이 값없이
주시는 지혜와 지식, 명철을 받기 원합니다.
_____도 하나님께 헌신하고 충성하는
사람이 되어 하나님이 주시는 지혜와 지식,
명철을 가진 사람이 되게 해 주세요.
예수님의 이름으로 기도합니다. 아멘.

생각 나누기
'지혜'가 무엇인지 이야기해 보세요.

또 어려서부터 성경을 알았나니 성경은 능히 너로 하여금 그리스도 예수 안에 있는 믿음으로 말미암아 구원에 이르는 지혜가 있게 하느니라_딤후 3:15

하나님, 디모데가 어려서부터
할머니와 어머니에게 성경을 배웠던 것처럼, 우리도
자녀에게 하나님의 말씀을 잘 가르치기 원합니다.
우리 가정이 하나님의 말씀 위에 세워지도록
함께해 주세요. _____도 하나님의 말씀을 잘 듣고
믿음이 생겨서 구원을 얻도록 인도해 주세요.
우리가 심긴 곳에서 만나는 사람들과 아이들에게도
하나님의 말씀을 잘 전하기 원합니다.
예수님의 이름으로 기도합니다. 아멘.

성경 인물을 만나요
디모데후서 3장을 읽고, 바울이 디모데에게 남긴 내용을 이야기해
보세요.

하나님의 어리석음이 사람보다 지혜롭고 하나님의 약하심이 사람보다
강하니라_고전 1:25

하나님, 예수님께서 죄인을 위해 죽으셨다는
사실을 많은 사람이 믿지 않습니다.
기독교나 그리스도인은 어리석고 말도 안 통한다고
여기기도 합니다. 그러나 복음과 십자가에는
예수님의 죽음뿐 아니라 부활이 담겨 있습니다.
하나님의 지혜는 사람들의 생각보다
훨씬 깊습니다. 이 지혜를 알고 믿는
우리가 되게 해 주세요. _____도
세상 사람들에게는 어리석어 보이겠지만,
진리인 하나님의 지혜를 따라서 살게 해 주세요.
진리를 모르고 거부하는 사람들에게
복음을 전하기 원하며,
예수님의 이름으로 기도합니다. 아멘.

성품 알아보기
성경에서의 지혜는 하나님의 계획과 뜻을 이해하고 그에 따라 행
동하는 것을 말해. 지혜의 원천이신 하나님은 당신을 경외하는 사
람들에게 지혜를 주신단다. 너의 인생을 사는 지혜는 결국 하나님
을 가까이할 때 얻을 수 있다는 것을 명심하렴.

오직 위로부터 난 지혜는 첫째 성결하고 다음에 화평하고 관용하고 양
순하며 긍휼과 선한 열매가 가득하고 편견과 거짓이 없나니_약 3:17

하나님, 하나님께서 주시는 지혜로

충만한 사람이 되기 원합니다.

하나님의 지혜가 우리를 거룩하게 할 것이며,

다른 사람들과 평화롭게 할 것을 믿습니다.

거짓과 편견 없이 너그럽고 온유하며,

선한 열매를 많이 맺을 수 있게 해 주세요.

_____도 지혜로 가득한 삶을 살아가게 하시며,

거룩한 열매가 차고 넘치게 해 주세요.

예수님의 이름으로 기도합니다. 아멘.

일상 둘러보기

지혜로운 모습을 찾아요.

지혜를 얻기 위해서는 하나님의 말씀을 묵상하고, 지혜의 영이신 성
령님께 도움을 요청해야 해요. 지혜가 부족하면 지혜를 주시는 하나
님께 구해야 하고요(약 1:5). 어려움을 겪으면서도 하나님의 지혜를 생생
하게 배울 수 있답니다. 우리 가족은 어디에서 지혜를 찾는지 나누어
보세요.

교만이 오면 욕도 오거니와 겸손한 자에게는 지혜가 있느니라_잠 11:2

하나님, 교만한 사람은 자기나 자기가 한 일에 대해
부풀려서 말하여 수치를 당하지만,
겸손한 사람은 지혜롭다고 하셨습니다.
우리는 교만하지 않고 겸손하기 원합니다.
우리를 겸손하게 낮추어서 사람들과 조화롭게
소통하며 살게 해 주세요. _____도
자기만 잘났다고 하지 않고 하나님 안에서
겸손하게 사는 지혜를 배우게 해 주세요.
예수님의 이름으로 기도합니다. 아멘.

일상 둘러보기
지혜롭지 않은 모습을 찾아요.

이는 그들로 마음에 위안을 받고 사랑 안에서 연합하여 확실한 이해의 모든 풍성함과 하나님의 비밀인 그리스도를 깨닫게 하려 함이니 그 안에는 지혜와 지식의 모든 보화가 감추어져 있느니라_골 2:2-3

하나님, 많은 사람이

인생의 해답을 얻기 위해 헤맵니다. 하지만

구원을 얻을 통로는 오직 예수 그리스도이며,

그분을 통해 하나님께로 가야 함을 고백합니다.

예수님 안에 우리가 알아야 하는 보물 같은

지혜와 지식이 있음을 명심하겠습니다.

예수님을 통해 생명을 얻게 해 주세요.

_____도 예수님을 믿고 그분이 주시는 지혜와

지식을 얻게 되기를 소원합니다.

예수님의 이름으로 기도합니다. 아멘.

활동하기

잠언 읽기

지혜로운 가르침으로 가득한 잠언은 31장으로 되어 있어요. 매일 한 장씩 읽으면 한 달에 모두 읽을 수 있지요. 매일 날짜에 맞춰 잠언을 읽으면서 마음에 드는 구절을 달력에 표시해 보세요. 따로 적어 두어도 좋아요. 한 달 후에 각자가 뽑은 성경 구절을 나누는 시간을 가져 보세요.

우리 주 예수 그리스도의 하나님, 영광의 아버지께서 지혜와 계시의 영을 너희에게 주사 하나님을 알게 하시고_엡 1:17

하나님, 바울은 하나님께서
에베소교회의 교인들에게
지혜와 계시의 영을 주시기를 기도합니다.
우리도 성령님이 건네주시는 지혜와 계시를 통해서
하나님을 더욱 깊이 알게 해 주세요. 하나님의 뜻과
계획을 깊이 알 수 있는 지혜를 주세요.
_____에게도 성령님이 함께하셔서 하나님을
더욱 깊이 알아 갈 수 있는 지혜를 허락해 주세요.
예수님의 이름으로 기도합니다. 아멘.

돌아보기
'지혜'라는 성품을 돌아보고 글로 남겨요.

253

내 아들아 완전한 지혜와 근신을 지키고 이것들이 네 눈앞에서 떠나지 말게 하라_잠 3:21

하나님, 완전한 지혜와
분별력을 가지라고 하신 말씀처럼
하나님 앞에서 매사를 잘 분별하기 원합니다.
무슨 일을 하든 하나님이 주신 지혜로
잘 생각하게 하시고, 상식에 따라
결정할 수 있도록 분별력을 주세요.
_____도 하나님의 말씀에서 벗어나지 않게
판단하고 결정할 수 있도록 인도해 주세요.
예수님의 이름으로 기도합니다. 아멘.

생각 나누기
'분별'이 무엇인지 이야기해 보세요.

엘리가 매우 늙었더니 그의 아들들이 온 이스라엘에게 행한 모든 일과 회막 문에서 수종 드는 여인들과 동침하였음을 듣고 그들에게 이르되 너희가 어찌하여 이런 일을 하느냐 내가 너희의 악행을 이 모든 백성에게서 듣노라_삼상 2:22-23

하나님, 엘리의 아들들은 하나님의 말씀을 듣지 않고
백성을 속였으며, 하나님의 것을 도둑질했습니다.
하나님 앞에서 악한 행동을 하고
고의로 죄를 지었습니다. 우리는 하나님의 일을
잘 분별하지 못한 그들을 본받지 않기 원합니다.
의도적으로 하나님을 속이거나
죄를 짓지 않게 해 주세요. _____도
하나님의 말씀을 잘 듣고, 말씀에 비추어 생각하고
분별하여 행동하기 원합니다.
예수님의 이름으로 기도합니다. 아멘.

성경 인물을 만나요
사무엘상 2장 22-26절을 읽고, 엘리의 아들들이 하나님 앞에서 어떻게 살았는지 이야기해 보세요.

하나님의 말씀은 살아 있고 활력이 있어 좌우에 날 선 어떤 검보다도 예리하여 혼과 영과 및 관절과 골수를 찔러 쪼개기까지 하며 또 마음의 생각과 뜻을 판단하나니_히 4:12

하나님, 하나님의 말씀은 살아 있고 힘이 있어서
우리의 삶을 바꾸어 놓는 근거가 됩니다.
말씀이 우리의 영과 혼과 관절과 골수는 물론,
마음과 생각과 뜻도 분별하는 도구가 되게 하시니
감사합니다. 말씀 안에 담긴 생명이
우리를 살리고 분별력을 가지도록 인도해 주시기
원합니다. _____도 하나님의 말씀 앞으로
나아오게 해 주세요. 말씀을 근거로 분별하며
하나님께로 나아가게 해 주세요.
예수님의 이름으로 기도합니다. 아멘.

성품 알아보기
분별은 하나님의 뜻을 깨닫고 바른 생각이나 판단을 내리는 것을
말해. 하나님이 주시는 지혜와 영적인 민감함이 있을 때 선과 악,
진리와 거짓을 잘 분별할 수 있단다. 분별력을 주셔서 복잡한 상황,
낯선 길에서 잘 결정할 수 있게 해 달라고 기도하렴. 말씀을 분별의
기준으로 삼고, 성령님의 도우심을 구해야 해. 알았지?

내가 기도하노라 너희 사랑을 지식과 모든 총명으로 점점 더 풍성하게 하사 너희로 지극히 선한 것을 분별하며 또 진실하여 허물 없이 그리스도의 날까지 이르고_빌 1:9-10

하나님, 우리의 사랑이 커지고, 그 사랑으로 인해
풍성한 지식과 분별력을 갖기 원합니다. 선과 악을
잘 분별하게 하시고, 예수님이 오실 날까지 흠 없고
진실한 모습으로 서게 해 주세요.
예수님처럼 옳음과 그름, 선과 악, 중요한 것과
그렇지 않은 것을 잘 분별할 수 있는 지혜를 주세요.
_____도 하나님의 사랑을 갖고
세상을 바라보며 분별할 줄 알게 해 주세요.
예수님의 이름으로 기도합니다. 아멘.

일상 둘러보기

분별하는 모습을 찾아요.

거짓된 가르침에 빠지지 않고 진리를 추구하는 사람, 또는 세상의 유혹을 이기고 하나님의 길을 찾으려고 애쓰는 사람들의 모임(공동체)을 알고 있나요? 어떤 사람, 또는 어떤 모임인가요? 그들이 분별력을 잃지 않고 하나님의 진리를 향해 나아가도록 기도해요.

외모로 판단하지 말고 공의롭게 판단하라 하시니라_요 7:24

하나님, 우리는 겉모습을 꾸미는 것을 좋아하고
우선으로 여기며, 겉으로 드러난 것으로
사람을 판단할 때가 많습니다.
하지만 예수님은 그러지 말라고 하셨으니,
겉모습으로 사람을 판단하지 않고
올바른 기준을 가지고 분별하게 해 주세요.
올바른 판단력과 따스한 사랑을 품고
무엇이 옳고 잘못된 것인지를 분별하게 해 주세요.
_____도 겉으로만 사람들을 평가하고
구분 짓지 않도록 인도해 주세요.
예수님의 이름으로 기도합니다. 아멘.

일상 둘러보기
분별하지 못하는 모습을 찾아요.

육에 속한 사람은 하나님의 성령의 일들을 받지 아니하나니 이는 그것들이 그에게는 어리석게 보임이요, 또 그는 그것들을 알 수도 없나니 그러한 일은 영적으로 분별되기 때문이라_고전 2:14

하나님, 예수님을 알지 못하는 사람들은
예수님과 관련된 일을 이해하지 못하고
미련하다고 생각합니다. 하지만 그리스도인들은
예수님과 십자가를 통해서 구원을 얻는다는 것을
믿습니다. 이 놀라운 사실을 알고 이해하며
받아들이게 하시니 감사합니다.
육신의 생명만이 아니라 영적인 생명을 가지고
누리게 하시니 더욱 감사합니다.
_____도 영적으로 민감하게 분별하며,
하나님을 깊이 알아 가게 해 주세요.
예수님의 이름으로 기도합니다. 아멘.

활동하기

나의 선택 기록하기

하루를 지내면서 아침부터 저녁까지 선택한 것들을 적어요. 옷, 교통수단, 약속, 업무, 식사, 잠자리 등 아침부터 저녁까지 선택한 것을 적고, 그것이 결과적으로 몸과 마음, 영혼에 좋고 올바른 선택이었는지 다시 한번 살펴보세요. 매일 무슨 일을 만나든 올바로 분별하게 해 달라고 하나님께 기도해요.

단단한 음식은 장성한 자의 것이니 그들은 지각을 사용함으로 연단을
받아 선악을 분별하는 자들이니라_히 5:14

하나님, 아기 때는 젖이나 이유식을 먹다가

성장하면서 단단한 음식을 먹게 되듯이,

믿음의 초보자였던 우리도

하나님을 아는 지식을 통해

영적으로 성장하게 해 주시니 감사합니다.

진리로 잘 훈련받고 말씀을 잘 소화해서

날마다 조금씩 성숙해지게 해 주세요.

_____도 하나님 안에서 잘 훈련받아서

하나님의 방식을 잘 아는

성숙한 사람이 되게 해 주세요.

예수님의 이름으로 기도합니다. 아멘.

돌아보기
'분별'이라는 성품을 돌아보고 글로 남겨요.

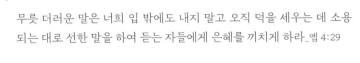

무릇 더러운 말은 너희 입 밖에도 내지 말고 오직 덕을 세우는 데 소용되는 대로 선한 말을 하여 듣는 자들에게 은혜를 끼치게 하라_엡 4:29

하나님, 우리가 어떤 말을 많이 하는지
돌아보기 원합니다. 남을 비방하거나 빈정대거나
깎아내리는 말은 입 밖으로 내지 않게 해 주세요.
욕이나 더러운 말, 비난하는 말이나 거친 말을
입에 담지 않기 원합니다.
오직 덕을 세우는 말을 하게 해 주세요.
선한 말로 은혜를 나누게 해 주세요.
_____도 더러운 말 대신에 선한 말을 하며,
듣는 이들에게 은혜를 끼치는 말을 하게 해 주세요.
예수님의 이름으로 기도합니다. 아멘.

생각 나누기

'사려 깊음'이 무엇인지 이야기해 보세요.

261

다윗이 아비가일에게 이르되 오늘 너를 보내어 나를 영접하게 하신 이 스라엘의 하나님 여호와를 찬송할지로다 또 네 지혜를 칭찬할지며 또 네게 복이 있을지로다 오늘 내가 피를 흘릴 것과 친히 복수하는 것을 네 가 막았느니라_삼상 25:32-33

하나님, 다윗이 나발의 어리석은 행동에 분노하자,
아비가일은 다윗의 마음을 달래서
피를 흘리며 복수하지 않도록 했습니다.
사람들 간에 충돌이 일어날 것을 잘 조율하는
사려 깊은 모습을 보여 준 아비가일처럼
우리도 지혜롭게 행동하기 원합니다.
_____도 친구나 가족이 입장 차이를 보일 때,
서로를 잘 이어 주고 오해를 풀어 주는
사려 깊은 사람이 되게 해 주세요.
예수님의 이름으로 기도합니다. 아멘.

성경 인물을 만나요

사무엘상 25장 2-44절을 읽고, 나발과 아비가일이 다윗과의 관계 에서 사려 깊게 행동하거나 그러지 못한 이야기를 나누어 보세요.

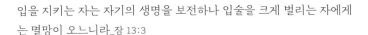

입을 지키는 자는 자기의 생명을 보전하나 입술을 크게 벌리는 자에게는 멸망이 오느니라_잠 13:3

하나님, 신중하게 말하는 사람이 되기 원합니다.

말로 상대방에게 상처를 주거나

일을 그르칠 수 있음을 기억하고

유익한 말을 하게 해 주세요. 다른 사람에 대해

경솔하게 말하거나 사람의 마음에

상처를 주는 일도 없게 해 주세요.

_____도 사려 깊게 생각하고

말하는 법을 배우게 해 주시기를 원하며,

예수님의 이름으로 기도합니다. 아멘.

성품 알아보기

사려 깊음은 다른 사람의 감정이나 필요, 상황을 이해하고 배려하는 마음이야. 그 사람을 존중하고 공감할 때 사려 깊게 행동할 수 있지. 하나님께서 알려 주신 사랑과 겸손한 마음으로 하나님을 섬기고 이웃을 사랑할 수 있겠니? 사람들을 향한 사랑을 품고 사려 깊게 다가오셨던 예수님처럼 우리도 다른 사람들을 사려 깊게 대해 보자.

의인의 마음은 대답할 말을 깊이 생각하여도 악인의 입은 악을 쏟느니라_잠 15:28

하나님, 깊이 생각하고 말하기 원합니다.

깊이 생각하지 않은 채로 말하면, 아무 말이나

쏟아 내게 되고 해서는 안 되는 말을 할 수도 있으니

조심하기 원합니다. 말하려면 신중하게,

깊이 생각하고 말하게 해 주세요.

_____도 상대방의 말과 상황을 잘 살피고

깊이 생각해서 말하는 사람이 되기 원합니다.

예수님의 이름으로 기도합니다. 아멘.

일상 둘러보기

사려 깊은 모습을 찾아요.

사려 깊은 태도는 타고나는 성품이 아니에요. 일상에서 연습해야 하죠. 상대방의 말을 끝까지 듣기, 고개를 끄덕이면서 "그랬겠다"라고 말해 주기, 간단한 일 도와주기 등을 통해 사려 깊게 말하고 행동해 보세요.

그런즉 너희가 어떻게 행할지를 자세히 주의하여 지혜 없는 자같이
하지 말고 오직 지혜 있는 자같이 하여 세월을 아끼라 때가 악하니라
_엡 5:15-16

하나님, 바울은 우리가 살아가는 시대가 악하니
세월을 아끼라고 말합니다.
주의하여 지혜롭게 행동하라고 말합니다.
때가 악하니, 더욱 시간을 아끼고 주의하며
지혜롭게 행동하기 원합니다. _____도
시간의 소중함을 알고, 하나님이 알려 주신 뜻에
순종하며 지혜롭게 행동하게 해 주세요.
예수님의 이름으로 기도합니다. 아멘.

일상 둘러보기
사려 깊지 못한 모습을 찾아요.

아무도 비방하지 말며 다투지 말며 관용하며 범사에 온유함을 모든 사람에게 나타낼 것을 기억하게 하라_딛 3:2

하나님, 마음이 겸손하고 온유하신
예수님을 닮기 원합니다. 하나님이 보실 때
모든 사람은 소중하고 존귀한 존재이니,
다른 사람을 비방하거나 무례하게 행동하지 않기
원합니다. 사는 동안 모든 일에서
하나님의 온유하심을 드러내게 해 주세요.
_____도 넓은 마음을 가지게 해 주시고,
주위를 화평하게 하는 사람이 되게 해 주세요.
예수님의 이름으로 기도합니다. 아멘.

활동하기
사려 깊은 시간 가지기
그동안 사려 깊게 대하지 못한 사람에게 마음을 전하기로 해요. 그런 다음 그 사람이 좋아하는 음식이나 간식을 준비해요. 카드나 문자로 마음을 전해도 좋아요. 그 사람과 만나거나 통화하면서 자신의 감정보다 상대방의 감정에 귀 기울여 들어 주세요.

너희 마음에 그리스도를 주로 삼아 거룩하게 하고 너희 속에 있는 소망에 관한 이유를 묻는 자에게는 대답할 것을 항상 준비하되 온유와 두려움으로 하고_벧전 3:15

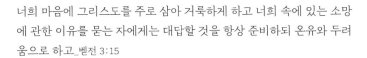

하나님, 마음 중심에 예수님을 주님으로 품고
거룩하게 살기 원합니다.
누군가가 믿음이나 예수님에 대해 질문한다면
할 말을 늘 준비하게 해 주세요.
진심으로 온유한 마음을 담아
예수님에 대해 말하게 해 주세요.
_____도 거룩하신 예수님을
자신의 주님으로 섬기게 하시고, 소망을 품고 사는
이유에 대해 할 말을 가지고 살아가게 해 주세요.
예수님의 이름으로 기도합니다. 아멘.

돌아보기
'사려 깊음'이라는 성품을 돌아보고 글로 남겨요.

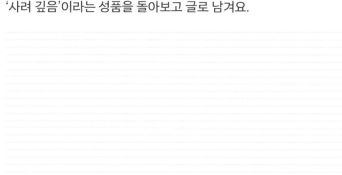

또 형제들아 너희를 권면하노니 게으른 자들을 권계하며 마음이 약한 자들을 격려하고 힘이 없는 자들을 붙들어 주며 모든 사람에게 오래 참으라_살전 5:14

하나님, 게으른 사람을 사랑으로 권면하고,
연약한 사람을 격려하며, 힘이 없는 사람을
붙잡아 주기 원합니다. 게으른 사람,
마음이 약한 사람, 힘이 없는 사람을
무조건 비난하거나 무시하지 않게 하시고,
장점을 발견하여 도전을 줄 수 있게 해 주세요.
상황을 민감하게 알아채서 상대방을 도우며
성장하게 해 주세요. _____도 사람들의 약점을
이해하고 도우며 격려하게 해 주세요.
그 과정을 통해 누군가를 이해할 줄 아는
사람이 되게 해 주세요.
예수님의 이름으로 기도합니다. 아멘.

생각 나누기
'이해심'이 무엇인지 이야기해 보세요.

바울은 더 여러 날 머물다가 형제들과 작별하고 배 타고 수리아로 떠나
갈새 브리스길라와 아굴라도 함께하더라 바울이 일찍이 서원이 있었으
므로 겐그레아에서 머리를 깎았더라_행 18:18

하나님, 브리스길라와 아굴라는 초대 교회에서
바울의 동역자로 활동했습니다.
하나님의 사역자를 도우며, 그와 함께하고 헌신해
목숨까지 내놓았습니다. 우리도 사역하면서 서로를
이해하고 돕는 좋은 동역자들을 만나게 해 주세요.
_____도 믿음 안에서 서로를 이해하고 동역하는
믿음의 사역자, 선후배, 친구를 만날 수 있도록
인도해 주세요. 인생을 살아갈 때 함께할
믿음의 사람들을 허락해 주시기를 원하며,
예수님의 이름으로 기도합니다. 아멘.

성경 인물을 만나요

사도행전 18장, 로마서 16장 3-5절, 고린도전서 16장 19절, 디모
데후서 4장 19절을 읽고, 브리스길라와 아굴라가 바울과 어떤 사
역을 했는지 이야기해 보세요.

그런즉 우리가 다시는 서로 비판하지 말고 도리어 부딪칠 것이나 거칠 것을 형제 앞에 두지 아니하도록 주의하라_롬 14:13

하나님, 우리가 다른 사람의 일을 간섭하거나
비판하지 않기 원합니다. 다른 사람의 일에
끼어들어서 참견하거나 어려운 일을 더
어렵게 만들지 않게 해 주세요. 믿음이 강하고
주의 일을 열심히 하는 사람은 연약한 사람을
넘어뜨릴 수 있습니다. 모든 일에 너무 예민한
사람은 자신이 만든 틀 안에 사람들을 가두고
비난할 수 있습니다. 우리가 서로의 다름을
이해할 수 있는 기회를 주세요. _____도
믿음의 형제자매들을 잘 살피고 이해하게 해 주세요.
예수님의 이름으로 기도합니다. 아멘.

성품 알아보기
성경에 나오는 이해심은 하나님의 성품을 닮아서 다른 사람의 감정이나 상황을 헤아리고 품는 태도를 말해. 이해심은 그 사람의 연약한 부분을 안아 주고, 격려하며, 사랑하는 모습으로 드러나지. 예수님은 우리를 가장 깊게 이해해 주셨던 분이야. 우리를 사랑하고 공감하며 배려해 주셨던 예수님처럼, 우리도 연약한 사람을 이해하고 사랑해야겠지? 그럴 수 있니?

270

그러므로 너희는 하나님이 택하사 거룩하고 사랑받는 자처럼 긍휼과 자비와 겸손과 온유와 오래 참음을 옷 입고 누가 누구에게 불만이 있거든 서로 용납하여 피차 용서하되 주께서 너희를 용서하신 것같이 너희도 그리하고_골 3:12-13

하나님, 우리는 우리에게 잘못을 저지른 사람을
용서하기가 어렵습니다. 우리의 생각이나 마음처럼
하지 않는 사람에게 불만이 생길 때가 있습니다.
그러나 그들을 이해하고 용서하기 원합니다.
그래야 하는 이유는, 하나님께서 우리를 먼저
용서하셨고, 용서하라고 명령하셨기 때문입니다.
우리가 용서받은 자임을 기억하고,
다른 사람을 용서하기 원합니다. _____도
다른 사람을 용서하지 못한 채로 화내거나
불만을 품은 채로 세월을 허비하지 않게 해 주세요.
다른 사람을 용서하는 사람이 되기를 원하며,
예수님의 이름으로 기도합니다. 아멘.

일상 둘러보기

이해심이 드러난 모습을 찾아요.

다른 사람의 연약함을 이해하고 받아들일 수 있나요? 그의 고통과 아픔을 함께 감당할 수 있나요? 잘못을 지적하거나 연약함을 무시하지 않고, 그 사람의 결점과 약점을 사랑으로 품을 수 있나요? 주변에서 이해심이 많이 드러나는 모습을 찾아보세요.

그러므로 어리석은 자가 되지 말고 오직 주의 뜻이 무엇인가 이해하라_엡 5:17

하나님, 우리는 하나님의 뜻을 분별하지 못하는
어리석은 자가 되지 않기 원합니다.
생각 없이 살지 않기 원합니다.
오직 하나님의 뜻이 무엇인지 이해할 수 있는 지혜를
주세요. 하나님이 원하시는 것이 무엇인지
깊이 생각하고 배우기 원합니다. _____도
하나님의 뜻을 분별할 수 있는 지혜를 주시고,
하나님의 뜻대로 살게 해 주세요.
예수님의 이름으로 기도합니다. 아멘.

일상 둘러보기
이해심이 드러나지 않는 모습을 찾아요.

미련한 자는 명철을 기뻐하지 아니하고 자기의 의사를 드러내기만 기
뻐하느니라_잠 18:2

하나님, 지혜에는 관심을 두지 않으면서

자기 말만 하지 않기 원합니다.

다른 사람을 이해하려고 애쓰며

사려 깊게 듣고 답하기 원합니다.

우리가 우리의 생각만 말하느라 바쁜

미련한 사람이 되지 않기 원합니다.

_____도 다른 사람의 말을 잘 듣고 이해하며

공감하게 해 주세요. 하나님의 지혜에 관심을 두는

지혜로운 자가 되게 해 주세요.

예수님의 이름으로 기도합니다. 아멘.

활동하기

'내가 만약...' 질문 게임

구성원들에게 '내가 만약 예수님처럼 제자들의 배신을 이해해야 한다
면…', '내가 만약 아빠, 엄마처럼 매일 출근해야 한다면…' 등의 질문을
준비해서 묻고, 그 사람의 입장이라면 어떤 마음일지 이야기해 보세요.

유순한 대답은 분노를 쉬게 하여도 과격한 말은 노를 격동하느니라
_잠 15:1

하나님, 조용하고 부드럽게 말하기 원합니다.
큰 소리로 거칠게 말하면 상대방이 내용을
제대로 듣기도 전에 화를 돋울 수 있기 때문입니다.
높은 음성과 거친 말투로
서로의 생각과 마음을 이해하기도 전에
화부터 나게 하거나 화내지 않게 해 주세요.
조용하고 부드러운 말로 하고 싶은 말을
잘 전달할 수 있는 지혜를 주세요.
_____도 조용하고 부드러운 말투로
마음을 전할 수 있게 해 주세요.
예수님의 이름으로 기도합니다. 아멘.

돌아보기
'이해심'이라는 성품을 돌아보고 글로 남겨요.

274

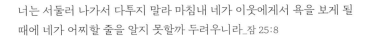

40주차: 신중함_ 조심스럽게 고민함(274-280)

너는 서둘러 나가서 다투지 말라 마침내 네가 이웃에게서 욕을 보게 될 때에 네가 어찌할 줄을 알지 못할까 두려우니라_잠 25:8

하나님, 우리가 보고 들은 것을
너무 조급하게 말하지 않게 해 주세요.
섣부른 짐작이나 추측으로 인해 사실을
왜곡하거나 잘못 판단할 수 있기 때문입니다.
매사에 신중하고, 침착하게 생각하며
행동하게 해 주세요.
_____도 자기가 듣고 본 것을 급히 말하기보다
천천히 생각하고 말하는 사람이 되기 원합니다.
신중하게 생각하고 말할 수 있게 해 주세요.
예수님의 이름으로 기도합니다. 아멘.

생각 나누기
'신중함'이 무엇인지 이야기해 보세요.

275

내 하나님께서 예루살렘을 위해 무엇을 할 것인지 내 마음에 주신 것을 내가 아무에게도 말하지 아니하고 밤에 일어나 몇몇 사람과 함께 나갈 새 내가 탄 짐승 외에는 다른 짐승이 없더라_느 2:12

하나님, 포로 생활을 하던 중에

예루살렘의 어려운 형편에 대해 들은 느헤미야는

먼저 기도하고 예루살렘으로 갔습니다.

그러고는 3일째 밤에 나가서 성벽을 살폈습니다.

말하기보다는 신중하게 계획하고 행하는

느헤미야의 모습을 보게 됩니다.

우리도 하나님의 일을 할 때, 조용하고도 신중하게

처리하기 원합니다. _____도 살아갈 때

말만 앞세우지 않고, 하나님께 기도하며 신중하게

계획하고 행하는 사람이 되게 해 주세요.

예수님의 이름으로 기도합니다. 아멘.

성경 인물을 만나요

느헤미야 2장을 읽고, 느헤미야가 신중하게 생각하고 행동한 모습에 대해 이야기해 보세요.

찢을 때가 있고 꿰맬 때가 있으며 잠잠할 때가 있고 말할 때가 있으며
_전 3:7

하나님, 사는 동안 때를 분별하는 지혜로운 사람이
되기 원합니다. 삶의 여러 시기에 적절하게 생각하고
행동하게 해 주세요. 조용히 있어야 할 때와
말할 때를 잘 분별하게 해 주세요.
이 땅에 사는 동안 시간은 하나님께서 주신 것임을
기억하고 시간의 주관자이신 하나님과
동행하기 원합니다. _____도 성장하는 동안
하나님과 동행하게 해 주시고, 주신 시간이
유한함을 깨달아 때를 분별하게 해 주세요.
예수님의 이름으로 기도합니다. 아멘.

성품 알아보기
신중함은 말이나 행동으로 옮기기 전에 깊이 생각하고 어떤 결과
가 나올지 충분히 고민하는 태도야. 성경에도 신중하게 말하고 행
동한 사람이 많이 있지. 신중한 사람은 급하게 판단하고 행동하지
않아. 이것이 하나님의 뜻인지 살피고, 다른 사람들에게 어떤 영향
을 미칠지를 고려해서 결정하고 선택한단다. 우리도 그렇게 하면
좋겠어. 천천히 연습해 볼까?

아무에게나 경솔히 안수하지 말고 다른 사람의 죄에 간섭하지 말며 네
자신을 지켜 정결하게 하라_딤전 5:22

하나님, 우리가 성도를 섬길 사람이나
목회자를 세울 때 신중하기 원합니다.
너무 성급하게 세우지 않게 하시고,
하나님께 부름 받은 자를 잘 세워서
성도들을 잘 섬길 수 있게 해 주세요. 우리 또한
다른 사람의 죄에 함께하지 않도록 조심하게 하시고,
우리 자신을 정결하게 지키게 해 주세요.
_____도 자신을 잘 지켜서 다른 사람의 죄에
휩쓸리거나 간섭하지 않도록 해 주세요.
예수님의 이름으로 기도합니다. 아멘.

일상 둘러보기
신중한 모습을 찾아요.
가족 중에서 말이나 행동이 신중한 사람은 누구인가요? 결정을 내릴 때
잘 생각하고 기도하면서 하는 사람은 누구인가요? 다른 사람의 조언을
잘 경청하고, 자신의 말이나 결정이 주변에 어떤 영향을 미칠지를 고려
해서 결정하면 좋겠습니다.

너는 하나님 앞에서 함부로 입을 열지 말며 급한 마음으로 말을 내지 말라 하나님은 하늘에 계시고 너는 땅에 있음이니라 그런즉 마땅히 말을 적게 할 것이라_전 5:2

하나님, 하나님 앞에서 경솔하거나
성급하게 말하지 않기 원합니다.
하나님은 안 계시는 곳이 없으니,
사는 동안 항상 말을 조심하겠습니다.
잘 듣고 깊이 생각하며, 말은 적게 하겠습니다.
그럴 수 있도록 하나님께서 늘 함께해 주세요.
_____도 하나님께서 함께해 주셔서
지혜롭게 말하는 사람이 되게 해 주세요.
자신의 생각이나 마음을 사려 깊게
잘 표현하는 사람이 되게 해 주세요.
예수님의 이름으로 기도합니다. 아멘.

일상 둘러보기
신중하지 않은 모습을 찾아요.

오직 너는 스스로 삼가며 네 마음을 힘써 지키라 그리하여 네가 눈으로 본 그 일을 잊어버리지 말라 네가 생존하는 날 동안에 그 일들이 네 마음에서 떠나지 않도록 조심하라 너는 그 일들을 네 아들들과 네 손자들에게 알게 하라_신 4:9

하나님, 모세는 이스라엘 백성에게
하나님께서 하신 일을 기억하고 지키라고 했습니다.
마음에서 떠나지 않도록 조심하고,
자녀들에게도 가르치라고 했습니다.
우리도 하나님께서 우리에게 행하신 일을
기억하기 원합니다. 잘 기억하고 자녀들에게도
전하기 원합니다. _____도 하나님이
자신의 삶에 행하신 일을 기억하며, 마음에서
떠나지 않도록 잘 간직하고 살아가게 해 주세요.
예수님의 이름으로 기도합니다. 아멘.

활동하기
신중하게 행동하기

집에서 공놀이를 하다가 그릇을 깨뜨린 경우, 컵을 쳐서 우유가 다 쏟아진 경우 등 경솔하게 결정하거나 행동해서 일을 그르친 경우를 생각해 보고, 신중하게 행동한다면 어떻게 할지를 이야기해 보세요.

근신하라 깨어라 너희 대적 마귀가 우는 사자같이 두루 다니며 삼킬 자를 찾나니 너희는 믿음을 굳건하게 하여 그를 대적하라_벧전 5:8-9a

하나님, 우리가 어려움 가운데 있거나

홀로 신앙생활을 할 때면

사탄의 공격에 노출되기가 더 쉽습니다.

그러니 믿는 사람들이 서로를 믿음 안에서 격려하며

연합하기 원합니다. 울부짖으며 먹잇감을 찾아

헤매는 사자처럼 사탄이 우리를 위협할 때

깨어 있게 해 주세요. 어려운 상황 가운데 있을 때,

사탄을 능히 물리치시는 하나님께서

_____를 지키고 구해 주세요.

예수님의 이름으로 기도합니다. 아멘.

돌아보기
'신중함'이라는 성품을 돌아보고 글로 남겨요.

능력,
하나님의 뜻을 감당하는 삶

능력은 하나님의 뜻을 감당하도록 하나님께서 주시는 힘을 말합니다. 권능의 하나님은 우리를 구원하며 보호하십니다. 하나님은 애굽에서 이스라엘 백성을 해방시킨 후 홍해를 가르는 놀라운 일을 행하셨습니다. 다윗은 하나님의 능력으로 골리앗을 이겼다고 말했습니다. 하나님의 능력은 죄를 용서하시는 모습으로도 나타났습니다(민 14:15-19).

예수님도 놀라운 능력을 보이셨습니다. 병자를 고치고, 귀신을 쫓으며, 사탄을 물리치셨습니다(눅 5:17). 무엇보다 십자가에 달려 죽으신 예수님을 다시 살아나게 하신 일에서 하나님의 능력이 강력하게 드러났습니다(롬 1:4; 고후 13:4). 자신에게 능력을 주시는 하나님 안에서 모든 것을 할 수 있다고 말했던 바울(빌 4:13), 성령의 능력을 힘입어 귀신을 내쫓고 병을 고친 성도들(행 3:1-10, 8:13, 19:11, 20:7-12)도 하나님의 능력으로 놀라운 사역을 해냈습니다.

우리도 성경의 인물들처럼 하나님이 주시는 능력을 받아 살아갈 수 있을까요? 하나님 앞에 경건한 마음으로 무릎 꿇을 때, 어떤 일을 만나도 도망치지 않고 진취적으로 맞설 때 하나님이 이겨 내도록 능력을 부여해 주시리라 생각합니다.

10월은 하나님의 뜻을 감당할 능력을 달라고 기도하는 한 달이 되기 원합니다.

281

하나님은 우리의 피난처시요 힘이시니 환난 중에 만날 큰 도움이시라
_시 46:1

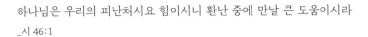

하나님, 홍수와 태풍, 지진 등의
천재지변이 일어나면 두렵고,
어려운 일이 생기면 걱정이 됩니다.
하지만 그럴 때, 하나님께로 피하겠습니다.
하나님이 우리의 피난처이고 힘이시라는 말씀을
깊이 마음에 두고 하나님께로 나아가겠습니다.
_____도 힘들고 어려운 일을 만나면 영원한
피난처가 되시는 하나님을 기억하게 해 주세요.
피난처이신 예수님께로 가서 엎드리게 해 주세요.
예수님의 이름으로 기도합니다. 아멘.

생각 나누기
'능력'이 무엇인지 이야기해 보세요.

나에게 이르시기를 내 은혜가 네게 족하도다 이는 내 능력이 약한 데서
온전하여짐이라 하신지라 그러므로 도리어 크게 기뻐함으로 나의 여러
약한 것들에 대하여 자랑하리니 이는 그리스도의 능력이 내게 머물게
하려 함이라_고후 12:9

하나님, 바울은 육신의 고통을 없애 달라고
했습니다. 하지만 하나님은 약함을 없애지 않고
약함을 통해 당신의 능력을 드러내셨습니다.
우리의 약점과 한계점에서 지혜나 능력,
재주나 인맥을 의지하지 않고
오직 하나님만 의지하기 원합니다. 우리의 약함에서
하나님의 강함이 드러나고, 우리의 부족함에서
완전하신 하나님이 드러나기를 소원합니다.
_____도 약한 것을 통해 하나님을 만나고,
하나님의 능력을 더 깊이 체험하게 해 주세요.
예수님의 이름으로 기도합니다. 아멘.

성경 인물을 만나요
고린도후서 12장 1-10절을 읽고, 바울이 말한 능력에 대해 이야기
해 보세요.

피곤한 자에게는 능력을 주시며 무능한 자에게는 힘을 더하시나니
_사 40:29

하나님, 지치면 기운을 차리게 하시고,

약해지면 능력을 더해 준다고 하시니 감사합니다.

누구든 피곤하고 능력이 고갈될 때가 있는데,

그럴 때면 지치지 않고 무한한 능력을 가진

하나님께서 힘과 지혜, 능력을 공급해 주세요.

_____도 피곤하고 지칠 때, 도움이 필요할 때

혼자 힘들어하지 않게 해 주세요.

하나님이 주시는 새 힘을 공급받고

회복되게 해 주세요.

예수님의 이름으로 기도합니다. 아멘.

성품 알아보기

능력은 일을 넉넉히 감당해 내는 힘이야. 세상에서 모든 것을 할 수 있는 분은 하나님 한 분밖에 없어. 하나님은 아무것도 없는 데서 모든 것을 창조하셨고, 세상을 통치하시지. 죄인인 우리를 구원하셨고, 지금도 치유하고 회복시키신단다. 우리는 할 수 없는 것이 많지만, 하나님은 모든 것을 다 할 수 있으셔. 우리가 하나님을 의지할 때, 하나님은 우리의 모든 필요를 채워 주신단다.

부와 귀가 주께로 말미암고 또 주는 만물의 주재가 되사 손에 권세와 능력이 있사오니 모든 사람을 크게 하심과 강하게 하심이 주의 손에 있나이다_대상 29:12

하나님, 부와 명예는 모두 하나님이 주시는 것이며,
모든 권세와 능력이 하나님께 있습니다.
힘과 능력의 하나님만이 우리를
위대하고 강하게 하실 수 있습니다.
우리에게 힘과 능력을 주시고,
하나님이 기뻐하시는 일에 우리를 사용해 주세요.
_____도 하나님의 능력으로 세우고
강하게 해 주세요. 하나님께 영광 돌리는
삶을 살아가게 해 주세요.
예수님의 이름으로 기도합니다. 아멘.

일상 둘러보기
하나님의 능력이 드러난 모습을 찾아요.
하나님이 만드신 세상을 둘러보고 하나님이 하신 일을 찾아보세요. 연약하고 지혜가 없어서, 힘이나 경험이 없어서 못 하던 일을 하나님께 기도로 부탁드려 보세요. 우리가 막다른 골목에 서 있을 때가 하나님이 일하실 시간이랍니다.

우리가 이 보배를 질그릇에 가졌으니 이는 심히 큰 능력은 하나님께 있고 우리에게 있지 아니함을 알게 하려 함이라_고후 4:7

하나님, 예수 그리스도라는 보배를
질그릇인 우리에게 주시니 감사합니다.
복음의 값진 내용을 깨지기 쉬운 질그릇에 담으니,
더욱 조심하고 하나님의 능력을 의지하게 됩니다.
겸손하게 하나님만 의지하기 원합니다. _____도
소중하고 귀한 메시지를 자기 안에 담아서,
자신은 감추고 하나님을 드러내게 해 주세요.
_____가 능력은 오직 하나님께 있다고 고백하는
하나님의 신실한 일꾼이 되기를 원하며,
예수님의 이름으로 기도합니다. 아멘.

일상 둘러보기
하나님의 능력이 미치지 않은 모습을 찾아요.

너희 안에서 행하시는 이는 하나님이시니 자기의 기쁘신 뜻을 위하여
너희에게 소원을 두고 행하게 하시나니_빌 2:13

하나님, 우리가 하나님의 기쁘신 뜻을 이루도록
인도해 주시니 감사합니다. 이 땅에서 사는 동안
하나님의 뜻을 잘 분별하고 행할 수 있기 원합니다.
우리에게 힘과 능력을 부어 주세요.
더욱 경건하게 살며 하나님의 뜻을
분별하게 해 주세요. _____도
하나님께서 기뻐하시는 뜻이 무엇인지
기도하며 발견하게 해 주시고,
하나님의 뜻을 행하게 해 주세요.
예수님의 이름으로 기도합니다. 아멘.

활동하기
'창조'에 담긴 하나님의 능력 표현하기
'빛이 있으라', '뭍이 드러나라', '땅에 충만하라' 등 창조 때 능력의 하나
님께서 하신 말씀을 외치면서 몸으로 표현해 보세요. 글로 쓰거나 그림
으로 그려도 좋아요. 창조의 능력을 마음껏 표현해 보세요.

287

내 육체와 마음은 쇠약하나 하나님은 내 마음의 반석이시요 영원한 분 깃이시라_시 73:26

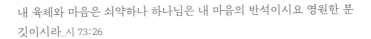

하나님, 우리의 몸은 늙고, 마음은 약해집니다.

하지만 쇠약해지는 우리와 달리 하나님은 여전히

우리 마음의 반석이시고, 영원한 전부이십니다.

바위처럼 든든하게 지켜 주시고,

영원히 우리와 함께해 주세요.

우리를 든든하게 붙드시는 하나님께서

_____도 붙들어 주세요. _____도 사는 동안

흔들리고 변하는 것들이 아닌,

영원히 변함없으신 하나님을

믿고 신뢰하게 해 주세요.

예수님의 이름으로 기도합니다. 아멘.

돌아보기

하나님의 '능력'을 돌아보고 글로 남겨요.

288

여호와께서 보시기에 정직하고 선량한 일을 행하라 그리하면 네가 복을 받고 그 땅에 들어가서 여호와께서 모든 대적을 네 앞에서 쫓아내시겠다고 네 조상들에게 맹세하신 아름다운 땅을 차지하리니 여호와의 말씀과 같으니라_신 6:18

하나님, 모세는 이스라엘 백성을 향해
하나님이 보실 때 정직하고
선한 일을 행하라고 했습니다.
그럴 때 잘살게 되며,
하나님이 약속해 주신 땅을 차지하고
모든 대적을 쫓아낼 거라고 하셨습니다.
우리가 무슨 일을 하든지 하나님 앞에서
옳고 선한 일을 하기 원합니다. ＿＿＿＿도
사람들의 눈치를 살피기보다 하나님을 의식하고
하나님 앞에서 살아가는 사람이 되게 해 주세요.
예수님의 이름으로 기도합니다. 아멘.

생각 나누기
'정직'이 무엇인지 이야기해 보세요.

여호와께서 사탄에게 이르시되 네가 내 종 욥을 주의하여 보았느냐 그
와 같이 온전하고 정직하여 하나님을 경외하며 악에서 떠난 자는 세상
에 없느니라_욥 1:8

하나님, 온전하고 정직하여 하나님을 경외하고

악에서 떠난 욥처럼, 하나님 앞에서

온전하고 정직한 사람이 되기 원합니다.

욥이 하나님께 온전히 헌신하고

하나님을 경외했던 것처럼,

저도 하나님을 경외하기 원합니다.

_____도 하나님이 인생의 주관자이심을 알고

하나님을 떠나지 않게 해 주세요.

어떤 어려움과 고난을 겪더라도

하나님의 주권을 인정하며 순종하기 원합니다.

예수님의 이름으로 기도합니다. 아멘.

성경 인물을 만나요
욥기 1장 1-12절을 읽고, 온전하고 정직하여 하나님을 경외하며 악
에서 떠난 욥에 대해 이야기해 보세요.

요시야가 왕위에 오를 때에 나이가 팔 세라 … 여호와 보시기에 정직
하게 행하여 그의 조상 다윗의 길로 걸으며 좌우로 치우치지 아니하고
_대하 34:1-2

하나님, 요시야는 아버지나 할아버지와 달리
하나님이 보시기에 정직하게 행했다는
평가를 받았습니다. 세상에서의 삶을 마무리한 후에
어떤 평가를 받게 될지를 염두에 두고
오늘을 살아가기 원합니다. 불순종과 악이
판을 치는 세상에서도 하나님의 거룩하심을
드러내려 했던 요시야처럼 하나님을 찾게 해 주세요.
_____도 마음과 힘을 다해서 하나님의 말씀을
사모하며, 어느 한쪽으로 치우치지 않고
말씀대로 살아가게 해 주세요.
예수님의 이름으로 기도합니다. 아멘.

성품 알아보기
성경에서 정직은 생각과 말, 행동이 일치하는 상태를 말해. 진실하
고 거짓이 없는 성품을 말하지. 다른 사람을 속이지 않고 거짓이 없
을 때, 하나님이 원하시는 삶을 살 수 있단다. 하나님은 정직한 자
를 보호하고 복을 주신단다. 이 사실을 꼭 기억하렴.

네 혀를 악에서 금하며 네 입술을 거짓말에서 금할지어다_시 34:13

하나님, 다윗은 하나님을 경외하는 사람들을 향해
악한 말을 금하고 거짓말을 하지 말라고 했습니다.
우리는 악한 말, 거짓말을 할 때가 많습니다.
그럴 때 하나님을 사랑하는 사람이라면 어떤 말을
해야 하는지를 떠올리고 말을 조심하게 해 주세요.
말씀을 따라 정직하고 진실하게 말하기 원합니다.
_____도 하나님을 사랑하는 사람답게
정직하게 말하게 해 주세요.
예수님의 이름으로 기도합니다. 아멘.

일상 둘러보기
정직한 모습을 찾아요.
정직한 사람, 정직한 교회나 기업이 있나요? 정직한 이들은 거짓으로
자신을 감추거나 포장할 필요가 없기 때문에 마음에도 부담이 없고 평
안합니다. 뿐만 아니라 사람들의 존경과 사랑을 받습니다. 하나님과 친
밀한 관계를 유지하는 것은 당연한 일이고요.

정직하게 행하는 자는 여호와를 경외하여도 패역하게 행하는 자는 여호와를 경멸하느니라_잠 14:2

하나님, 잠언 기자는
정직한 사람은 하나님을 경외하지만,
악하게 행동하는 사람은
하나님을 멸시한다고 했습니다.
우리는 정직하기 원합니다. 하나님을 두려워하고,
하나님의 뜻을 살피며 행동하기 원합니다.
하나님이 계시지 않는 것처럼 살지 않게 해 주세요.
_____도 하나님 앞에서 정직하기 원합니다.
하나님의 전능하심을 인정하고
하나님의 뜻을 따르기 원합니다. _____가
하나님과 바른 관계 가운데 있게 해 주세요.
예수님의 이름으로 기도합니다. 아멘.

일상 둘러보기
정직하지 않은 모습을 찾아요.

내가 주를 바라오니 성실과 정직으로 나를 보호하소서_시 25:21

하나님, 이 땅에서 사는 동안 우리 영혼이
하나님을 바라보며 걸어가기 원합니다.
인생의 방향을 하나님께로 향하며,
성실하고 정직하게 살겠습니다.
_____도 올바르고 순수하게 살아가게 해 주세요.
온전히 하나님께 소망을 두고 살아갈 때
하나님께서 인도하고 보호해 주세요.
예수님의 이름으로 기도합니다. 아멘.

활동하기

거짓말 탐지기

각자 종이에 자신에 대한 참말 두 가지와 거짓말 한 가지를 씁니다. 그
런 다음 세 가지 사실을 근거로 자신에 대해 소개합니다. 다른 사람은
세 가지 중에서 거짓말을 하나 찾아냅니다.

그런즉 거짓을 버리고 각각 그 이웃과 더불어 참된 것을 말하라 이는 우리가 서로 지체가 됨이라_엡 4:25

하나님, 이웃과 살아갈 때 거짓을 버리고
진실을 말하기 원합니다. 우리는 함께
연결되어 있기에 거짓되고 가식적인 말이 결국에는
우리 자신에게로 돌아올 것이기 때문입니다.
오직 진실을 담아서 말하는 법을 배우고
연습하게 해 주세요. _____도 살면서
거짓말을 하거나 실제보다 부풀려 말하고 싶은
유혹을 느낄 때, 그러지 않게 해 주세요.
거짓말을 포장하기 위해서 또 다른 거짓말을
하게 되는 일이 없도록 도와주세요.
예수님의 이름으로 기도합니다. 아멘.

돌아보기
'정직'이라는 성품을 돌아보고 글로 남겨요.

나는 경건하오니 내 영혼을 보존하소서 내 주 하나님이여 주를 의지하는 종을 구원하소서 주여 내게 은혜를 베푸소서 내가 종일 주께 부르짖나이다_시 86:2-3

하나님, 다윗은 경건하게 사는 자신의 영혼을
하나님께 보존해 달라고 합니다. 구원하시고
은혜를 베풀어 달라며 종일 부르짖습니다.
나약한 모습으로 의존하는 것이 아니라
당당하고도 열정적으로 하나님께 기도합니다.
하나님께 헌신하고 의지했던 다윗처럼
우리도 하나님께 기도하기 원합니다.
_____도 하나님께서 구원해 주시고
은혜를 베풀어 달라고 기도하게 해 주세요. 경건하게
살려고 애쓰고, 주를 의지하는 사람이 되어서
당당하게 부르짖게 해 주세요.
예수님의 이름으로 기도합니다. 아멘.

생각 나누기
'경건'이 무엇인지 이야기해 보세요.

예루살렘에 시므온이라 하는 사람이 있으니 이 사람은 의롭고 경건하여 이스라엘의 위로를 기다리는 자라 성령이 그 위에 계시더라_눅 2:25

하나님, 시므온은 이스라엘이 구원받기를 바라면서
경건하게 살았던 사람입니다.
성령님이 함께하셨던 시므온처럼,
우리도 하나님께서 사람들을 구원해 주실 것을
기도하며 살기 원합니다. 성령님께서
시므온과 함께하며 지시하고 감동하셨던 것처럼
성령님께서 인도해 주시는 삶을 살기 원합니다.
_____에게도 성령님이
충만하게 거하시기를 원합니다.
성령님께 민감하게 반응하며 순종하게 해 주세요.
예수님의 이름으로 기도합니다. 아멘.

성경 인물을 만나요
누가복음 2장 22-35절을 읽고, 시므온에 대해 이야기해 보세요.

그의 경건한 자들의 죽음은 여호와께서 보시기에 귀중한 것이로다
_시 116:15

하나님, 하나님의 뜻을 따르는 경건한 자의 죽음을
귀하게 여기신다니 감사합니다. 하나님께서는
신실한 자들을 존귀하게 여기며, 죽을 때를
정하십니다. 데려가시는 시기는 알 수 없으나
그날까지 하나님을 믿으며 경건하게 살게 하시고,
죽음을 맞이하는 순간에도 하나님께서
함께해 주시기 원합니다. _____도
죽음을 향해 가는 동안 어느 시기든
생명의 주관자인 하나님을 만나게 하시고,
사는 동안 더욱 하나님 앞에서
경건한 삶을 살아가게 해 주세요.
예수님의 이름으로 기도합니다. 아멘.

성품 알아보기

경건은 하나님을 두려워하고 존경하며, 신실하고 헌신적으로 살아
가는 태도를 말해. 하나님의 말씀을 묵상하고 사랑할 때 경건한 삶
이 시작되지. 하나님의 뜻에 순종하다 보면 결국 이웃 사랑과 선한
행동을 하게 된단다.

그러나 자족하는 마음이 있으면 경건은 큰 이익이 되느니라_딤전 6:6

하나님, 더 많은 것을 가지려고 노력하고
돈을 과도하게 사랑할 때가 있습니다.
그러나 바울은 현재 가지고 있는 것에 만족하면
경건 생활을 하는 데 유익하다고 말합니다.
우리는 태어날 때 가지고 온 것이 없으며
죽을 때도 가져갈 것이 없습니다.
이 사실을 명심하게 해 주세요.
_____도 현재 가진 것에 감사하고
만족하는 삶을 살게 해 주세요.
예수님의 이름으로 기도합니다. 아멘.

일상 둘러보기

경건한 모습을 찾아요.

경건함은 말씀을 즐거워하며 묵상할 때(시 1:2), 거룩하고 순결한 삶을 살 때
(벧전 1:15-16), 계명을 지키고 순종할 때(요 14:15), 연약한 사람들을 돌볼 때
(약 1:27) 등 믿음과 순종으로 하나님을 섬길 때 드러납니다. 각자 서로의
경건한 모습을 이야기해 보세요.

그에게는 영이 충만하였으나 오직 하나를 만들지 아니하셨느냐 어찌하여 하나만 만드셨느냐 이는 경건한 자손을 얻고자 하심이라 그러므로 네 심령을 삼가 지켜 어려서 맞이한 아내에게 거짓을 행하지 말지니라 _말 2:15

하나님, 하나님께서는 남편과 아내를 만들고
그들이 한 몸과 영이 되어 경건한 자손을
얻기를 바라셨습니다. 먼저 남편과 아내들이
서로를 거짓 없이 대하게 해 주세요.
신실하게 연합하며, 하나님이 기뻐하시는 가정을
이루어 가게 해 주세요. 낳은 자녀를
하나님의 뜻대로 믿음 안에서 잘 키우게 해 주세요.
_____도 결혼이나 배우자에 대한 하나님의 뜻을
알아 그 뜻대로 연애하고 결혼하게 해 주세요.
예수님의 이름으로 기도합니다. 아멘.

일상 둘러보기
경건하지 않은 모습을 찾아요.

우리가 아직 연약할 때에 기약대로 그리스도께서 경건하지 않은 자를 위하여 죽으셨도다_롬 5:6

하나님, 우리를 사랑하신 하나님께서는

약속한 대로 예수님을 보내어

경건하지 않은 자를 위해 죽고 부활하게 하셨습니다.

세상에 보여 주신 희생적인 사랑을 통해

우리에게 하나님 아버지의 사랑을

깨닫게 해 주시니 감사합니다.

_____도 자기 자신의 구원자가 될 수 없음을

깨닫게 하시고, 오직 예수님을 보내어

구원해 주신 하나님께 감사드리게 해 주세요.

예수님의 이름으로 기도합니다. 아멘.

활동하기

경건 카드 만들기

가족과 함께 각자 하고 싶은 경건 훈련의 내용을 카드에 적은 다음 일주일 동안 가지고 다니면서 실천해 보세요. 예를 들면 하루 3장 성경 읽기, 큐티하기, 하루 3분 기도하기, 착한 일 하기 등을 한 후에 잠자기 전에 달력이나 일기장에 표시해 보세요.

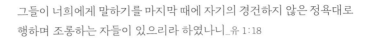

그들이 너희에게 말하기를 마지막 때에 자기의 경건하지 않은 정욕대로
행하며 조롱하는 자들이 있으리라 하였나니_유 1:18

하나님, 마지막 때에는 하나님을 조롱하고 비웃으며
자기 멋대로 행동하는 사람들이 있을 거라고
하셨습니다. 경건하게 사는 사람들을 비웃는 일도
있을 것입니다. 그런 시대를 살아가는 우리는
더욱 하나님 앞에서 기도하고 깨어 있기를 원합니다.
_____도 하나님을 믿는다는 이유로
비웃음거리가 된다면, 거룩한 믿음 위에
자기를 세우고 더욱 하나님께 기도하게 해 주세요.
하나님의 사랑 안에서 자신을 지키며
예수님을 바라보게 해 주세요.
예수님의 이름으로 기도합니다. 아멘.

돌아보기
'경건'이라는 성품을 돌아보고 글로 남겨요.

너희는 강하고 담대하라 두려워하지 말라 그들 앞에서 떨지 말라 이는 네 하나님 여호와 그가 너와 함께 가시며 결코 너를 떠나지 아니하시며 버리지 아니하실 것임이라 하고_신 31:6

하나님, 모세는 백성을 향해
마음을 강하게 하고 용감하게 행하라고 말합니다.
가나안 족속들을 두려워하거나
놀라지 말라고 합니다. 그럴 수 있는 이유는,
하나님이 백성과 함께하시기 때문이었습니다.
_____도 어디서 무엇을 하든지
하나님이 떠나거나 버리지 않으신다는 사실을
기억하게 해 주세요. 하나님이 함께하다는 것을
믿고 용감하게 행동하게 해 주세요.
예수님의 이름으로 기도합니다. 아멘.

생각 나누기
'진취'가 무엇인지 이야기해 보세요.

303

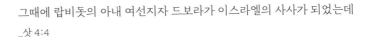

44주차: 진취_ 적극적으로 일을 이루어 감(302-308)

그때에 랍비돗의 아내 여선지자 드보라가 이스라엘의 사사가 되었는데
_삿 4:4

하나님, 드보라는 훌륭한 리더십을 가진
사사였습니다. 우리도 드보라처럼
하나님과 사람들에게 쓰임 받기 원합니다.
하나님의 부르심에 순종하게 하시고, 사람들을
인도하고 상담하며 조언할 수 있게 해 주세요.
하나님을 찬양했던 드보라처럼
우리도 하나님께 영광 돌리게 해 주세요.
_____도 진취적으로 나아가 하나님과
사람을 섬기는 지혜로운 리더가 되게 해 주세요.
예수님의 이름으로 기도합니다. 아멘.

성경 인물을 만나요
사사기 4-5장을 읽고, 드보라에 대해 이야기해 보세요.

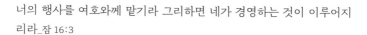

너의 행사를 여호와께 맡기라 그리하면 네가 경영하는 것이 이루어지
리라_잠 16:3

하나님, 우리가 하는 일을 모두 하나님께

맡기기 원합니다. 맡긴다고 하면서도 여전히

주도권을 쥐고 있다면 내려놓게 해 주세요.

하나님께 맡겼다고 하면서 아무것도 안 하고 있다면,

하나님을 신뢰하며 해야 할 일을 하게 해 주세요.

_____도 주도권을 하나님께 맡기고

이 땅에서 주어진 일을 청지기로서 성실하게

해내기 원합니다. 하나님께서 함께해 주세요.

예수님의 이름으로 기도합니다. 아멘.

성품 알아보기

진취는 새로운 목표나 일을 적극적으로 이루는 자세를 말해. 성경
에는 하나님이 일을 맡기셨을 때 용기 있게 나선 사람, 앞서서 싸
운 사람이 많단다. 하나님이 인도하실 것을 믿고, 두려움을 이겨
내며 꾸준히 노력한 사람들이지. 실패해도 다시 일어나서 하나님
이 주신 사명을 이루려고 노력했어. 너도 그럴 수 있겠니?

나는 포도나무요 너희는 가지라 그가 내 안에, 내가 그 안에 거하면 사람이 열매를 많이 맺나니 나를 떠나서는 너희가 아무것도 할 수 없음이라_요 15:5

하나님, 포도나무이신 예수님께 붙어 있을 때

열매를 많이 맺는다고 하시니

예수님께 잘 붙어 있기 원합니다.

예수님을 떠난 가지는 열매를 맺을 수 없음을

기억하고 예수님을 떠나지 않게 해 주세요.

예수님을 떠나면 아무것도 할 수 없다는 것을

명심하고, _____도 말씀이신 예수님께

꼭 붙어 있게 해 주세요.

예수님의 이름으로 기도합니다. 아멘.

일상 둘러보기

진취적인 성품을 찾아요.

주변에서 진취적인 성품을 가진 사람은 누구인가요? 끊임없이 배우고, 성장하기 위해 노력하고, 실패해도 다시 일어나는 사람, 하나님이 주신 사명을 마음에 품고 크고 작은 일에 충성하는 사람 말이에요. 그런 사람이 될 수 있나요?

그러므로 우리가 항상 담대하여 몸으로 있을 때에는 주와 따로 있는 줄을 아노니 이는 우리가 믿음으로 행하고 보는 것으로 행하지 아니함이로라_고후 5:6-7

하나님, 이 땅에서 우리는 육신으로는
예수님과 떨어져 있지만,
믿음으로 예수님을 바라보며 살아갑니다.
세상에서 사는 동안 천국을 바라보며
씩씩하게 살아가게 해 주세요.
_____도 하나님 나라에서
하나님을 만날 날을 기대하며
하나님께서 허락하신 오늘이라는 시간을
감사하면서 살아가게 해 주세요.
예수님의 이름으로 기도합니다. 아멘.

일상 둘러보기
진취적이지 않은 모습을 찾아요.

하나님이 우리에게 주신 것은 두려워하는 마음이 아니요 오직 능력과
사랑과 절제하는 마음이니_딤후 1:7

하나님, 하나님이 주신 것은

두려워하는 마음이 아니라,

능력과 사랑과 절제하는 마음임을 알게 해 주시니

감사합니다. 우리가 사람들을 섬길 때

용감하게 행하며, 사랑을 품되

절제할 줄 알게 해 주시기 원합니다.

_____도 두려움이 생길 때면

그것이 하나님께서 주신 것이 아님을

분명히 알게 해 주세요.

하나님께서 주신 능력을 용감하게 발휘하게 하시고,

사랑과 절제하는 마음으로 섬기게 해 주세요.

예수님의 이름으로 기도합니다. 아멘.

활동하기

너의 꿈을 응원해!

종이에 꼭 이루고 싶은 꿈을 적어 보세요. 그런 다음 옆으로 돌리면서
응원하는 내용의 댓글을 달아 주세요. 나중에 자기 종이를 받으면 자
신의 꿈과 응원 댓글을 큰 소리로 읽어 보아요.

끝으로 너희가 주 안에서와 그 힘의 능력으로 강건하여지고 마귀의 간계를 능히 대적하기 위하여 하나님의 전신 갑주를 입으라_엡 6:10-11

하나님, 우리를 둘러싼 악한 세력과 맞서서
싸우기 위해 전신 갑주로 무장하기 원합니다.
하나님 나라를 멸망시키려는 영적 싸움의
최전선에서 하나님을 위해 싸우기 원합니다.
구원의 투구, 의의 호심경, 진리의 허리띠,
평안의 복음의 신, 믿음의 방패, 하나님의 말씀인
성령의 검으로 무장하게 해 주세요.
_____도 그리스도인들을 공격하는 세력들과
맞서 싸우기 위한 무기를 잘 준비하게 해 주세요.
_____가 영적 싸움의 최전선에서 승리하는
주님의 군사가 되기를 원하며,
예수님의 이름으로 기도합니다. 아멘.

돌아보기
'진취'라는 성품을 돌아보고 글로 남겨요.

공의,
공평하게 사람들을 대하는 삶

공의는 하나님의 정의로운 성품을 말합니다. 그것은 각 사람을 공평하게 대하시는 모습으로 드러납니다(신 32:4; 단 9:14). 하나님은 공의를 굽게 하지 않으십니다(욥 8:3). 세상을 공의로 판단하고 심판하십니다(창 18:25). 악인들은 심판하실 하나님을 두려워하지 않고(잠 19:28), 공의를 행하지도 않습니다(사 59:8). 그러나 성경은 분명하게 하나님을 믿는 사람들은 공의를 구하고 행해야 한다고 말씀합니다(시 15:2; 사 1:17; 미 6:8). 그래서 스바냐 선지자는 "세상의 모든 겸손한 자들아 너희는 여호와를 찾으며 공의와 겸손을 구하라 너희가 혹시 여호와의 분노의 날에 숨김을 얻으리라"(습 2:3)라고 말합니다.

이 땅에서 우리는 주로 도덕이나 사회적인 질서를 세우고 유지하는 것으로 공의를 드러냅니다. 정의롭고 공평하게 질서를 세우는 것입니다. 예를 들어, 고아와 과부, 외국인, 약자를 보호하시는 하나님처럼 우리도 그들을 공의롭게 사랑할 수 있어야 합니다. 공동체에서도 연약하고 도움이 필요한 사람에게 마음을 쏟아서 함께 돌봐야 합니다.

11월에는 사람들을 공평하게 대하시는 하나님을 만나기 원합니다. 질서, 충성에 대해서도 살펴볼 것입니다. 무엇보다 한 해를 돌아보며 감사하는 기도를 드리겠습니다.

309

여호와의 말씀이니라 보라 때가 이르리니 내가 다윗에게 한 의로운 가
지를 일으킬 것이라 그가 왕이 되어 지혜롭게 다스리며 세상에서 정의
와 공의를 행할 것이며_렘 23:5

하나님, 다윗의 자손에서 나올 왕이
세상에서 정의와 공의로 행할 것이라는
예레미야의 예언이 예수님을 통해 이루어지게
하시니 감사합니다. 우리는 예수님이
모든 것을 바로잡아 정의와 공의로
지혜롭게 다스리실 것을 알고 믿습니다.
_____도 메시아 예수님을 자신의 구원자로 삼고
믿으며 살아가게 해 주세요.
예수님의 이름으로 기도합니다. 아멘.

생각 나누기
'공의'가 무엇인지 이야기해 보세요.

그러므로 여호와께서 이 재앙을 간직하여 두셨다가 우리에게 내리게 하셨사오니 우리의 하나님 여호와께서 행하시는 모든 일이 공의로우시나 우리가 그 목소리를 듣지 아니하였음이니이다_단 9:14

하나님, 다니엘은 하나님께서 이스라엘 백성을
당신에게로 돌아오게 하려고 애쓰셨지만
백성은 듣지 않았다고 말합니다. 그들과 달리 우리는
하나님의 말씀에 귀 기울이고 순종하기 원합니다.
의로우시고 공정하며, 정직하게 심판하시는
하나님의 목소리를 듣고 따르기 원합니다.
_____도 행동이나 판단에 공정하고
의로우신 하나님을 따르게 해 주세요.
예수님의 이름으로 기도합니다. 아멘.

성경 인물을 만나요
다니엘 9장 1-19절의 다니엘이 드린 기도를 읽고 공의의 하나님에 대해 이야기해 보세요.

311

오직 정의를 물같이, 공의를 마르지 않는 강같이 흐르게 할지어다
_암 5:24

하나님, 정의가 물처럼, 공의가 마르지 않는
강물처럼 흐르게 한다고 하시니 감사합니다.
물이 귀한 이스라엘에서 마르지 않는 강은
엄청난 은혜를 말하는 것이니,
하나님의 넘치는 정의와 공의가 항상 당신의 백성과
함께한다는 말씀으로 알고 다시 한번 감사드립니다.
우리 인생에도 정의와 공의의 하나님께서
늘 함께해 주시기 원합니다. _____에게도
마르지 않는 강물 같은 하나님의 정의와 공의가
가득하기를 소망합니다. 함께해 주세요.
예수님의 이름으로 기도합니다. 아멘.

성품 알아보기

공의는 공정하고 올바른 도덕적인 기준을 말해. 세상에서 가장 공의로운 분은 하나님이시지. 하나님은 사랑과 정의로 사람과 세상을 대하신단다. 예수님을 통해 우리를 구원하신 하나님께서는 마지막 때에 세상을 심판하실 거야. 이 땅에서 사는 동안 우리는 하나님의 뜻대로 약자를 보호하고 불의를 행하지 않으며 정의를 실현해야 한단다.

312

여호와께서 이와 같이 말씀하시기를 너희는 정의를 지키며 의를 행하라 이는 나의 구원이 가까이 왔고 나의 공의가 나타날 것임이라 하셨도다_사 56:1

하나님, 정의로우신 하나님을 닮아서

정의로운 사람이 되기 원합니다.

예수님께서 오셔서 세상을 바로잡으실 날이

가까웠으니 더욱 정의를 행하고

옳은 길로 가기 원합니다. _____도 사는 동안

하나님을 더욱 잘 섬기고 닮아 가게 해 주세요.

정의로우신 하나님, 공의를 드러내실 하나님을

더욱 의지합니다. 함께해 주세요.

예수님의 이름으로 기도합니다. 아멘.

일상 둘러보기

공의로운 모습을 찾아요.

성경에서 아브라함은 소돔과 고모라를 위해서 하나님의 공의를 바라면서 기도했어요(창 18:23-33), 다윗도 정의와 공의로 백성을 통치했지요(삼하 8:15). 그리고 이 땅에서 그 누구보다 공의로운 분은 예수님이셨습니다. 세상에 드러난 하나님의 공의로우신 모습을 우리도 찾아볼까요?

너는 입을 열어 공의로 재판하여 곤고한 자와 궁핍한 자를 신원할지니라
_잠 31:9

하나님, 르무엘왕의 어머니는 아들에게 공평하게
재판하고, 가난하고 궁핍한 사람들의 권리를
대변해 주라고 했습니다. 우리도 힘없고 연약한
사람들을 도우며 그들과 함께해 주기 원합니다.
_____에게도 힘없고 연약한 사람들을
도울 수 있는 마음을 주세요. 어려서부터
하나님의 마음으로 사람을 보게 해 주세요.
긍휼한 마음으로 타인을 대하게 해 주세요.
예수님의 이름으로 기도합니다. 아멘.

일상 둘러보기
공의롭지 않은 모습을 찾아요.

너희가 자기를 위하여 공의를 심고 인애를 거두라 너희 묵은 땅을 기경하라 지금이 곧 여호와를 찾을 때니 마침내 여호와께서 오사 공의를 비처럼 너희에게 내리시리라_호 10:12

하나님, 우리의 오래되어 딱딱해진 마음 밭을
갈아엎기 원합니다. 마음에 정의의 씨를 심어서
사랑의 열매를 거두기 원합니다.
하나님을 찾고 만나기 원합니다.
우리에게 하나님의 공평과 의로우심을
비처럼 내려 주세요. _____도
하나님의 정의를 심고 사랑을 거두기 원합니다.
하나님의 좋은 씨를 심고
좋은 열매를 풍성하게 거두는 삶이 되게 해 주세요.
예수님의 이름으로 기도합니다. 아멘.

활동하기

작은 자와 함께하기

한 해가 가기 전에 연약한 사람, 소외된 사람을 돌보는 일을 하면 좋을 것 같아요. 가족이 함께 섬길 사람을 찾아보고 조용히 돕도록 해요. 헌금을 하거나 선물을 준비할 수도 있고, 음식을 준비해서 초대할 수도 있을 거예요. 가족회의를 통해 좋은 아이디어를 내 보세요.

공의와 정의를 행하는 것은 제사 드리는 것보다 여호와께서 기쁘게 여기시느니라_잠 21:3

하나님, 하나님께서는 형식적으로 드리는 제사보다
진심을 담아 공의와 정의를 실천하는 것을 더
기뻐하신다는 것을 알려 주셔서 감사합니다.
우리가 하나님의 거룩하고 의로우신 성품을
닮기 원합니다. 하나님의 뜻대로, 하나님의 말씀대로
공평하고 공정하게 행하기 원합니다.
_____도 말씀에 순종하며 사람들을
하나님의 형상으로 대하게 해 주세요. 사회적 약자도
공평하고 올바르게 대우하게 해 주세요.
예수님의 이름으로 기도합니다. 아멘.

돌아보기
'공의'라는 성품을 돌아보고 글로 남겨요.

316

하나님은 무질서의 하나님이 아니시요 오직 화평의 하나님이시니라
_고전 14:33

하나님, 조화롭고 질서 있게 예배드리기 원합니다.

무질서하게 멋대로 하지 않고,

은사를 따라 하나님을 섬기기 원합니다.

거룩하신 하나님 앞에서 찬양하고 기도하고

말씀을 들으며 하나님께 영광 돌리는 시간이

되게 해 주세요. _____도 예배를 통해서

질서와 평화의 하나님을 만나고 섬기게 해 주세요.

예수님의 이름으로 기도합니다. 아멘.

생각 나누기
'질서'가 무엇인지 이야기해 보세요.

이는 내가 육신으로는 떠나 있으나 심령으로는 너희와 함께 있어 너희가 질서 있게 행함과 그리스도를 믿는 너희 믿음이 굳건한 것을 기쁘게 봄이라_골 2:5

하나님, 바울은 골로새교회가 질서 있게 행하며
믿음이 굳건하게 세워지는 것을 전해 듣고
기뻐합니다. 우리 교회도 질서 있고
믿음이 좋은 공동체가 되기를 기도합니다.
_____도 질서 있고 믿음이 굳건한
공동체에 속하게 해 주세요.
혼자서도 경건 생활을 잘해 나갈 뿐 아니라,
믿음의 공동체에 속해서 사랑과 격려를 받으며
믿음이 굳건하게 세워지게 해 주세요.
예수님의 이름으로 기도합니다. 아멘.

성경 인물을 만나요
골로새서 2장 1-5절을 읽고, 골로새교회 성도들이 어떤 모습으로
신앙생활을 했는지 이야기해 보세요.

범사에 기한이 있고 천하 만사가 다 때가 있나니_전 3:1

하나님, 모든 일에 기한과 때를 정하고
계획하시니 감사합니다. 우리는
하나님의 계획을 다 알 수 없으나, 특정한 시기에
적절하게 이루어져야 하는 것들을 알게 하시고,
감사하며 받아들일 수 있는 지혜를 주세요.
_____도 자신의 인생의 시기를 인도하시는
질서의 하나님을 경험하게 해 주세요.
살면서 만나는 수많은 문제를 하나님의 방법으로
해결하며 한 걸음씩 나아가게 해 주세요.
예수님의 이름으로 기도합니다. 아멘.

성품 알아보기
질서는 혼란스러움에서 조화를 이루도록 잘 정리된 상태를 말해.
성경에서 질서는 하나님의 계획에 따라 창조되고 삶이 조화롭게
유지되는 것을 말하지. 하나님은 혼돈에 질서를 부여하며 세상을
창조하셨고, 사람과 사람 사이에서 십계명을 주어서 질서를 잡으
셨어. 우리는 가정과 교회, 사회에 하나님께서 세우신 질서를 따라
살게 되었고, 하나님과의 관계에서도 경건한 삶을 통해 영적으로
질서 잡힌 삶을 살고 있단다. 너도 그렇게 살고 있니?

319

46주차: 질서_ 혼란스럽지 않은 조화로움(316-322)

사람이 마음으로 자기의 길을 계획할지라도 그의 걸음을 인도하시는 이는 여호와시니라_잠 16:9

하나님, 사람은 원하는 대로 자신의 길을
계획하지만, 그렇게 살게 하시는 분은
하나님이심을 알게 하시니 감사합니다.
우리에게 하고 싶은 것을 잘 결정할 수 있는
지혜를 주세요. 그리고 그 길을 갈 때
온전히 하나님만 의지하며 걷게 해 주세요.
세상을 만들고 _____를 만드신 하나님께서
가장 알맞은 자리에 _____를 두실 것을 믿습니다.
하나님께서 그 걸음을 인도해 주세요.
_____를 향한 하나님의 절대적인 주권을 믿으며,
예수님의 이름으로 기도합니다. 아멘.

일상 둘러보기
질서 있는 모습을 찾아요.
하나님 중심으로 살면서 질서 있게 시간을 관리하고 있나요? 맡은 역할에 충실하게 책임을 완수하며 조화를 이루고 살아갈 때 질서 속에서 평안함을 누리게 된답니다. 시간, 공간, 일, 관계에서 질서 잡힌 삶을 살고 있는지 돌아보세요.

사람이 자기 집을 다스릴 줄 알지 못하면 어찌 하나님의 교회를 돌보리요_딤전 3:5

하나님, 하나님의 교회를 돌보는
지도자들을 위해 기도합니다.
그들이 교회를 돌보기 전에 먼저 자신의 집을
잘 다스리는 사람이 되기 원합니다.
자신의 일을 잘 처리하고, 배우자를 사랑하며,
자녀들을 잘 돌보게 해 주세요.
가정과 교회에서 모두 존경받는 사람이
지도자가 되어 하나님을 섬기게 해 주세요.
_____도 하나님을 위해 일하는 지도자로
성장하도록 하나님께서 함께해 주세요.
예수님의 이름으로 기도합니다. 아멘.

일상 둘러보기
질서가 필요한 사람, 일, 공간 등을 찾아요.

어떻게 우리를 본받아야 할지를 너희가 스스로 아나니 우리가 너희 가운데서 무질서하게 행하지 아니하며_살후 3:7

하나님, 데살로니가교회에는 예수님의 재림이

가까웠다고 하면서 하던 일을 내려놓고

게으르게 지내는 사람들이 있었다고 합니다.

이에 바울은 그들의 말을 듣지 말고

자신들을 본받으라고 말합니다.

우리도 몸을 아끼지 않고 부지런히 일했던

바울 일행의 모습을 본받기 원합니다.

_____도 부지런히 일하며

하나님을 잘 섬기는 사람이 되게 해 주세요.

예수님의 이름으로 기도합니다. 아멘.

활동하기

정리 미션 완수!

오늘 하루 동안 질서 잡을 곳을 생각해 보세요. 방, 냉장고, 책장, 컴퓨터, 책상 등을 정리해 보세요. 정리를 끝낸 후 인증샷을 찍어서 가족들에게 보여 주세요.

모든 것을 품위 있게 하고 질서 있게 하라_고전 14:40

하나님, 바울은 품위 있고 질서 있는
예배를 드리라고 합니다. 하나님께서 기쁘게 받으실
예배가 어떠해야 할지 사려 깊게 생각하고
질서 있게 준비하기 원합니다. 우리가
삶으로 드리는 예배에도 질서를 세우기 원합니다.
날마다 맞이하는 일상에 품위와 질서가
깃들어 있도록 잘 준비하게 해 주세요. _____도
하나님이 더욱 기뻐하실 것을 고민하며
예배를 준비하는 예배자가 되게 해 주세요.
질서의 하나님을 닮은 _____가 되기를 원하며,
예수님의 이름으로 기도합니다. 아멘.

돌아보기
'질서'에 대해 돌아보고 글로 남겨요.

범사에 감사하라 이것이 그리스도 예수 안에서 너희를 향하신 하나님의 뜻이니라_살전 5:18

하나님, 바울은 항상 기뻐하고 기도하며
감사하는 것이 우리를 향한 하나님의 뜻이라고
말합니다. 우리는 살면서 우리를 향한 하나님의 뜻을
알고 싶어 합니다. 기쁨, 기도, 감사를 마음에 새기고
살아가는 것이 바로 하나님께서 바라시는
생활 방식임을 기억하게 해 주세요. _____도
하루를 사는 동안 기뻐할 일, 기도할 일, 감사할 일을
통해 하나님을 생생하게 만나기 원합니다.
삶 속에서 날마다 하나님의 뜻을 발견하는
_____가 되게 해 주시기를 소원하며,
예수님의 이름으로 기도합니다. 아멘.

생각 나누기
'감사'가 무엇인지 이야기해 보세요.

324

나아만이 이에 내려가서 하나님의 사람의 말대로 요단강에 일곱 번 몸을 잠그니 그의 살이 어린아이의 살같이 회복되어 깨끗하게 되었더라_왕하 5:14

하나님, 아람 나라의 군대 장관인 나아만은
엘리사의 말대로 해서 나병이 낫자
예물을 드리며 감사했습니다.
자만심에 사로잡혀 있던 사람이
은혜를 경험하고 감사하게 된 것처럼,
우리도 하나님께 감사하는 사람이 되기 원합니다.
_____도 하나님께서 하나님의 방법대로
필요를 채워 주실 때 감사를 잊지 않게 해 주세요.
겸손하게 하나님 앞에
무릎 꿇는 사람이 되게 해 주세요.
예수님의 이름으로 기도합니다. 아멘

성경 인물을 만나요
열왕기하 5장 1-14절을 읽고, 나아만의 감사에 대해 이야기해 보세요.

감사함으로 그의 문에 들어가며 찬송함으로 그의 궁정에 들어가서 그에게 감사하며 그의 이름을 송축할지어다_시 100:4

우리를 창조하고 다스리시는 하나님을 찬양합니다.

지금도 우리의 예배를 받아 주시니 감사합니다.

오직 하나님만 찬양하며 예배의 자리로 나아갑니다.

기쁨으로 하나님을 섬기며 하나님의 이름을

높여 드립니다. _____도 온 마음과 정성을 다해서

하나님을 찬양하며, 하나님께 감사드리게 해 주세요.

하나님이 _____의 왕이 되시고,

목자가 되어 주세요.

예수님의 이름으로 기도합니다. 아멘.

성품 알아보기

감사는 받은 은혜를 알고 고마움을 표현하는 태도야. 성경을 읽다 보면 하나님께서 하신 일, 하나님의 성품에 대해 감사로 고백하는 것을 자주 보게 되는데, 감사는 하나님의 뜻을 인정하고 신뢰하는 마음이란다. 너도 하나님과 하나님께서 베푸신 은혜에 감사하는 마음을 가지고 있니? 받은 것에 대해 하나님을 찬양하고 영광 돌리는 것은 하나님의 자녀인 우리가 가져야 할 성품이야. 과거와 현재, 미래의 모든 것을 허락해 주시는 하나님께 앞으로도 계속 감사드리자. 알았지?

326

다니엘이 이 조서에 왕의 도장이 찍힌 것을 알고도 자기 집에 돌아가서는 … 하루 세 번씩 무릎을 꿇고 기도하며 그의 하나님께 감사하였더라_단 6:10

하나님, 바벨론에서 포로로 생활하던 다니엘은
왕 외에 누구에게도 기도하면 안 된다는 것을
알고도 하루에 세 번씩 무릎 꿇고 기도하며
하나님께 감사했습니다. 목숨을 내놓고 기도했던
다니엘을 통해 우리의 신앙을 돌아봅니다.
힘들든 평안하든 상관없이 항상 하나님께
감사드리기 원합니다. _____도
감사 일기를 적으며 하나님이 하신 일을
돌아보게 해 주세요. 매일 하나님께 감사하며
기도하는 사람이 되기를 원하며,
예수님의 이름으로 기도합니다. 아멘.

일상 둘러보기
감사한 모습을 찾아요.
올해, 감사한 것은 무엇인가요? 고난과 어려움 속에서도 하나님께서 인도해 주심으로 인해 감사한 것이 있나요? 일상 속에서 아주 작은 것이라도 감사할 것을 찾고 표현하기 원합니다. 하나님과 사람들에게 감사를 표현하면 할수록 감사할 것이 더 많아진답니다.

기도를 계속하고 기도에 감사함으로 깨어 있으라_골 4:2

하나님, 우리는 기도하다가 멈추거나
감사하지 못한 채로 기도할 때가 많습니다.
하지만 바울은 우리에게 계속 기도하고,
감사하면서 기도하라고 말합니다.
기도 응답이 더디고 작게 느껴질지라도,
하나님께서 뜻을 선명하게 보여 주시기까지
기도하기를 멈추지 않기 원합니다. _____도
기도하다가 지칠 때면 자신의 방식이 아니라
당신의 방식과 속도대로 필요를 채워 주시는
하나님을 만나게 하시고,
감사의 기도를 드리게 해 주세요.
예수님의 이름으로 기도합니다. 아멘.

일상 둘러보기
감사하지 않는 모습을 찾아요.

이로 말미암아 주 예수 안에서 너희 믿음과 모든 성도를 향한 사랑을 나도 듣고 내가 기도할 때에 기억하며 너희로 말미암아 감사하기를 그치지 아니하고_엡 1:15-16

하나님, 바울은 에베소교회의 성도들을 위해
기도했습니다. 그들을 기억하며 감사했습니다.
우리도 기도할 때마다 떠올릴 수 있는
공동체의 지체들이 있으니 정말 감사합니다.
_____에게도 서로를 돌아보며 감사하고
기도하는 친구, 선후배, 동역자를 만나게 해 주세요.
평생 기도의 동역자들로 인해
감사가 끊이지 않게 해 주세요.
예수님의 이름으로 기도합니다. 아멘.

활동하기
감사 나무 만들기
색지에 손을 대고 손 모양을 그려요. 손가락 모양의 잎에 감사한 일을 적은 다음 가위로 자른 후에 벽이나 문에 미리 붙여 둔 나무 모양의 종이 위에 예쁘게 붙여요. 감사한 것이 생각날 때마다 그려서 붙이고 감사 기도를 드려요. 일주일, 한 달 동안 붙인 감사 이파리로 인해 감사 나무가 풍성해질 거예요.

329

47주차: 감사_ 받은 은혜에 대한 고마움(323-329)

우리로 하여금 빛 가운데서 성도의 기업의 부분을 얻기에 합당하게 하신 아버지께 감사하게 하시기를 원하노라_골 1:12

하나님, 우리를 성도로 부르신 은혜에
감사드립니다. 우리가 하나님의 뜻을 알고
영적인 지혜를 갖기 원합니다.
하나님을 기쁘시게 하고 선한 열매를 맺기 원합니다.
오래 참고 기쁨이 충만하며,
늘 감사하는 사람이 되게 해 주세요.
_____도 하나님께 영광 돌리는 사람,
하나님의 빛을 반사하는
윤슬 같은 사람이 되게 해 주세요.
항상 하나님께 감사하는 성도가 되기를 원하며,
예수님의 이름으로 기도합니다. 아멘.

돌아보기
'감사'라는 성품을 돌아보고 글로 남겨요.

사람의 모양으로 나타나사 자기를 낮추시고 죽기까지 복종하셨으니 곧
십자가에 죽으심이라_빌 2:8

하나님, 예수님은 우리를 위해 세상에 오셨고,
죄인을 위해 죽으셨습니다. 하나님이신 예수님이
사람이 되어 죽음의 자리까지 내려가
우리에게 생명을 주심으로 인해 정말 감사합니다.
하나님의 뜻에 순종하고 충성하신 예수님을
우리 마음에 모십니다. 우리를 위해
당신을 낮추신 예수님처럼
우리도 겸손하게 살게 해 주세요.
_____도 예수님을 마음에 모시고
살아가게 해 주세요.
예수님의 이름으로 기도합니다. 아멘.

생각 나누기
'충성'이 무엇인지 이야기해 보세요.

요나단은 다윗을 자기 생명같이 사랑하여 더불어 언약을 맺었으며 요나단이 자기가 입었던 겉옷을 벗어 다윗에게 주었고 자기의 군복과 칼과 활과 띠도 그리하였더라_삼상 18:3-4

하나님, 다윗과 요나단은 정말 좋은 친구였습니다.

왕자와 목동이라는 신분 차이에도 불구하고

충성스럽고 깊은 우정을 나누었습니다.

하나님을 통해 맺어진 다윗과 요나단처럼

우리도 좋은 믿음의 친구를 얻기 원합니다.

＿＿＿＿＿도 하나님 안에서 충성을 다짐하고

변치 않는 우정을 나눌 수 있는 좋은 친구를

사귀게 해 주세요. 좋은 믿음의 친구를 만나서

서로 돕는 관계를 맺게 해 주시기를 원하며,

예수님의 이름으로 기도합니다. 아멘.

성경 인물을 만나요

사무엘상 18장 1-4절을 읽고, 다윗과 요나단이 어떤 관계였을지 이야기해 보세요.

그리고 맡은 자들에게 구할 것은 충성이니라_고전 4:2

하나님, 바울은 하나님의 복음을 전하는 사람들은
충성스러워야 한다고 했습니다.
하나님의 일을 맡은 이들이 하나님을 향해
성실하고 정직한 사람이 되게 해 주세요.
우리도 하나님의 사역을 할 때, 복음을 정확하게
알기 원합니다. 믿음을 가지고 흔들림 없이
진리를 전하기 원합니다. _____도 하나님의 일을
맡은 충성된 청지기로 살아가게 해 주세요.
예수님의 이름으로 기도합니다. 아멘.

성품 알아보기

충성은 하나님과 사람에 대해 변함없는 헌신과 신뢰를 하는 마음
이야. 충성을 우리에게 제일 먼저 가르쳐 주신 분은 하나님이셔. 하
나님은 우리를 향해 변함없고 절대적인 사랑을 보여 주셨단다. 그
렇게 충성스러운 분의 성품을 닮아 충성한 분이 바로 예수님이시
지. 그러니 우리도 하나님께 충성해야겠지? 충성!

한 사람이 두 주인을 섬기지 못할 것이니 혹 이를 미워하고 저를 사랑하거나 혹 이를 중히 여기고 저를 경히 여김이라 너희가 하나님과 재물을 겸하여 섬기지 못하느니라_마 6:24

하나님, 그 누구도 하나님과 재물이라는 두 주인을
똑같은 비중으로 섬길 수 없습니다. 이 시간,
먼저 하나님의 나라와 그분의 의를 구하라고 하신
예수님의 말씀대로 하기 원합니다.
우리는 하나님을 주인으로 섬기겠습니다.
인생의 가치를 하나님께 두고 따르게 해 주세요.
_____도 둘 사이에서 고민하지 않고, 인생의
진정한 주인이신 하나님을 주인으로 삼게 해 주세요.
예수님의 이름으로 기도합니다. 아멘.

일상 둘러보기

충성스러운 모습을 찾아요.

우리는 누구보다 하나님께 충성하고, 맡기신 일을 충성스럽게 해야 합니다(눅 16:10). 친구나 가족, 공동체 안에서 믿음을 지키며 헌신해야 하죠. 복음을 전하고 믿음을 지키는 것도 우리가 충성스럽게 해야 하는 일입니다. 주변에서 충성스러운 사람, 충성스럽게 감당하는 일을 찾아보세요.

나를 능하게 하신 그리스도 예수 우리 주께 내가 감사함은 나를 충성되이 여겨 내게 직분을 맡기심이니_딤전 1:12

하나님, 바울은 예수님을 믿는 사람들을 박해했으나,

하나님께서는 그를 택하여 크게 사용해 주셨습니다.

이전의 모습 때문에 하나님을 섬기지 못할 사람은

없으니, 누구든지 하나님께로 나아오기 원합니다.

_____도 하나님께서 충성스럽게 여겨서

직분을 맡기셨던 바울처럼,

하나님께서 맡기실 사역을 기대하며

하나님께로 나아가게 해 주세요.

예수님의 이름으로 기도합니다. 아멘.

일상 둘러보기
충성스럽지 않은 모습을 찾아요.

또한 모세는 장래에 말할 것을 증언하기 위하여 하나님의 온 집에서 종으로서 신실하였고 그리스도는 하나님의 집을 맡은 아들로서 그와 같이 하셨으니 우리가 소망의 확신과 자랑을 끝까지 굳게 잡고 있으면 우리는 그의 집이라_히 3:5-6

하나님, 모세는
이스라엘의 지도자로서 충성을 다했고,
예수님은 온 세상을 맡아서
하나님께 충성하셨습니다.
모세와 예수님이 하나님의 집에서
충성을 다하셨음을 기억하며 소망을 품기 원합니다.
우리도 이 땅에 사는 동안
맡기신 일에 충성을 다하겠습니다.
_____도 예수님을 꼭 붙잡게 해 주세요.
신실하신 하나님께 충성을 다하게 해 주세요.
예수님의 이름으로 기도합니다. 아멘.

활동하기
충성 미션 완수하기
각자 하루 동안 일상에서 충성을 다할 미션을 정해 보세요(설거지하기, 방청소하기, 신발 정리하기, 학교에서 오는 동안 쓰레기 줍기 등). 미션을 수행한 후에는 소감을 나누어 보세요. 작은 일에 대한 충성이 큰 일을 하는 밑거름임을 기억하세요.

너는 장차 받을 고난을 두려워하지 말라 볼지어다 마귀가 장차 너희 가운데에서 몇 사람을 옥에 던져 시험을 받게 하리니 너희가 십 일 동안 환난을 받으리라 네가 죽도록 충성하라 그리하면 내가 생명의 관을 네게 주리라_계 2:10

하나님, 세상의 마지막 시기를 사는 동안
마귀의 시험과 어려움이 있더라도 믿음으로
끝까지 견디게 해 주세요. 하나님께서 준비하신
생명의 면류관을 받기를 소원하며
끝까지 충성하겠습니다. 성령님께서 도와주세요.
_____도 마지막 때를 살아가는 동안
주님이 주시는 놀라운 은혜로 덧입혀 주시고,
끝까지 충성하게 해 주세요. 생명의 면류관을
받을 것을 기대하며 승리하게 해 주세요.
예수님의 이름으로 기도합니다. 아멘.

돌아보기
'충성'이라는 성품을 돌아보고 글로 남겨요.

인내,
오래 참는 삶

인내는 노하기를 더디 하고 오래 참는 것을 말합니다. 하나님을 향한 우리의 인내는 주로 기다림이 됩니다. 하나님께 붙어 있으면서 그분이 하실 일을 기대하며 신실하게 기다리는 것입니다. 적극적인 태도로 하나님이 일하실 것을, 하나님의 뜻이 이루어질 것을 기다린다고 말하면 될 것입니다.

한편, 하나님도 인간에 대해 오래도록 참으셨고, 지금도 참고 계십니다. 온 인류를 구원하기 위해 참고, 또 참으셨습니다. 하나님께서는 죄에 대한 분노와 심판을 참으셨고, 인자함과 용납함으로 죄인들이 회개하기를 기다리셨습니다. 오직 우리를 대하여 오래 참으사 아무도 멸망하지 않고 다 회개하기에 이르기를 원하셨기 때문입니다(벧후 3:9). 심판의 날이 더딘 것처럼 보이는 이유는 하나님의 인내 덕분이었던 것입니다.

구약의 성도들은 메시아를 기다렸고, 초대 교회 성도들은 시련과 박해 속에서도 믿음을 지켰으며, 오늘날 우리는 예수님께서 다시 오실 날을 고대하며 인내하고 있습니다. 앞으로도 믿음을 배반하지 않고 믿음의 선한 싸움을 하면서, 진리를 따르고 바른 교훈과 믿음을 지켜야 할 것입니다.

12월, 한 해의 마지막 달입니다. 온유한 마음으로 인내하며, 처음 오셨던 예수님을 기억하며, 다시 오실 예수님을 소망하기 원합니다. 53가지 성품이 담긴 말씀으로 기도하는 동안 우리의 인격이 더욱 예수님을 닮은 성품으로 변화되었다고 고백하게 되면 좋겠습니다. 샬롬!

믿음의 주요 또 온전하게 하시는 이인 예수를 바라보자 그는 그 앞에 있는 기쁨을 위하여 십자가를 참으사 부끄러움을 개의치 아니하시더니 하나님 보좌 우편에 앉으셨느니라_히 12:2

하나님, 예수님은 하나님과 함께하는
결승선을 바라보며 십자가를 참으셨고,
결국 하나님 보좌 오른편에 앉아 계십니다.
우리도 믿음의 주요, 온전하게 하시는
예수님만 바라보기 원합니다. 믿음의 경주에서
승리하신 주님을 바라보며 달려가게 해 주세요.
_____도 예수님을 바라보며 이 땅에서 허락된
믿음의 경주를 인내로 완주하게 해 주세요.
예수님의 이름으로 기도합니다. 아멘.

생각 나누기
'인내'가 무엇인지 이야기해 보세요.

338

49주차: 인내_ 끈기 있게 어려움을 참고 견딤(337-343)

그러나 내가 가는 길을 그가 아시나니 그가 나를 단련하신 후에는 내가
순금같이 되어 나오리라_욥 23:10

하나님, 엘리바스가 정죄했을 때
욥은 당당하게 맞서서 말했습니다.
우리도 다른 사람들의 말에 휘둘리지 않고
오직 하나님의 말씀만을 기준으로 삼아서
선택하게 해 주세요. 믿음의 연단을 받을 때
인내하며 잘 견디기 원합니다. _____도
자기 인생의 길을 알고 계신 하나님을 따르며,
하나님이 하시는 제자 훈련을 받아
순금처럼 단련되게 해 주세요.
예수님의 이름으로 기도합니다. 아멘.

 성경 인물을 만나요
욥기 23장을 읽고, 욥에 대해 이야기해 보세요.

너희에게 인내가 필요함은 너희가 하나님의 뜻을 행한 후에 약속하신 것을 받기 위함이라_히 10:36

하나님, 박해를 받는 중에도 성도들은 인내하며
흔들리지 않고 견뎌 냈습니다.
하나님의 뜻을 행한 뒤에
하나님께서 약속하셨던 것을 받을 거라는
소망을 품었기 때문입니다. 우리도
하나님 나라에 대한 소망을 품고 살기 원합니다.
_____도 어려움 속에서 구원해 주실 주님을
소망하며 잘 견딜 수 있게 해 주세요. 하나님의
뜻을 행하면서 이 땅을 잘 살아가게 해 주세요.
예수님의 이름으로 기도합니다. 아멘.

성품 알아보기

인내는 어려움 속에서도 하나님을 믿는 믿음과 소망을 버리지 않는 거야. 끈기 있게 흔들림 없이 하나님만 바라보는 것이지. 어떤 어려움이 있어도 끈기 있게 하나님만 바라보며 믿음을 지킬 수 있겠니? 그렇게 하나님의 뜻을 행한 후에는 하나님께서 약속하신 것을 받을 수 있단다(히 10:36).

나 곧 내 영혼은 여호와를 기다리며 나는 주의 말씀을 바라는도다 파수 꾼이 아침을 기다림보다 내 영혼이 주를 더 기다리나니 참으로 파수꾼 이 아침을 기다림보다 더하도다_시 130:5-6

하나님, 성전에 올라가는 순례자들은
하나님을 기다리며 말씀을 사모했습니다.
우리도 그들처럼 하나님을 만나고
말씀을 듣기 원합니다. 우리의 영혼이
주님과 만나기를 소망하게 해 주세요.
_____도 게임이나 친구, 간식보다 하나님을
더 만나고 싶어 하는 때가 오기를 소원합니다.
하나님을 만나고 싶어서 간절히 기다리는
_____가 되게 해 주세요.
예수님의 이름으로 기도합니다. 아멘.

일상 둘러보기
인내하는 모습을 찾아요.
하나님의 뜻을 바라보며 인내할 때 믿음이 강해집니다. 인내는 하나 님이 우리의 삶 속에서 선한 일을 이루시도록 기다리는 것입니다. 억 울한 상황에서도 하나님을 신뢰했던 요셉(창 50:20), 하나님의 약속을 기다렸던 아브라함(창 21:5), 고난 속에서도 하나님께서 하실 일을 인내 로 기다린 욥(욥 1:21-22)처럼 우리도 인내하며 하나님의 뜻을 구하기로 해요.

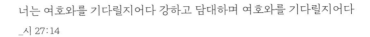

너는 여호와를 기다릴지어다 강하고 담대하며 여호와를 기다릴지어다
_시 27:14

하나님, 다윗은 기름 부음을 받고도
왕이 될 때까지 오래 기다렸습니다. 오랫동안
사울이나 압살롬에게 쫓겨 다녀야 했습니다.
그런 다윗이 하나님을 기다리라고,
강하고 담대하게 기다리라고 말합니다.
자기 인생에서 분명히 만나 주신 하나님을
경험했기 때문일 것입니다. 우리도 기다림의 시간을
강하고 담대한 믿음으로 채우기 원합니다.
_____도 하나님께서 하실 일을 기다리면서
잘 훈련되고 더 단단해지게 해 주세요.
예수님의 이름으로 기도합니다. 아멘.

일상 둘러보기
인내하지 못하는 모습을 찾아요.

기다리는 자들에게나 구하는 영혼들에게 여호와는 선하시도다 사람이
여호와의 구원을 바라고 잠잠히 기다림이 좋도다_애 3:25-26

하나님, 예레미야는 하나님이 하실 일을
기다리는 이들에게 하나님이 선하시다고 말합니다.
구원을 바라면서 잠잠히 기다리는 것이
좋다고 합니다. 좋은 분을 만나기 위해
기다리는 시간, 잠잠히 기다리는 시간을 통해
더욱 깊고 풍성한 하나님의 은혜를
경험하기 원합니다. _____도 열심히, 열정적으로
하나님을 기다리게 해 주세요. 잠잠히 소망하며
하나님께서 도와주실 것을 기다리게 해 주세요.
예수님의 이름으로 기도합니다. 아멘.

활동하기
끝까지 버티기
허수아비처럼 양팔을 벌리고 서서 한쪽 다리를 직각으로 들어 올려요.
한 발로 누가 제일 오래 서 있는지 시간을 재 보세요. 누가 끝까지 버
텼나요? 우리 모두 좋은 것을 주실 하나님을 생각하면서 다시 오실 예
수님을 기다리기로 해요.

나의 영혼아 잠잠히 하나님만 바라라 무릇 나의 소망이 그로부터 나오
는도다_시 62:5

하나님, 다윗은 자신에게 하나님만 잠잠히 바라라고,
하나님으로부터 소망이 나온다고 말합니다. 우리도
우리 자신에게 하나님만 바라면서 기다리라고
말하게 해 주세요. 세상의 변화와 속도를
따라가지 않기 원합니다. 우리에게 필요한 것은
모두 하나님께서 주실 것이니,
하나님께서 말씀하실 때까지 기다리게 해 주세요.
_____도 모든 것을 주관하는 하나님께서
주실 것을 믿고 기다리기 원합니다.
하나님께 소망을 두고 잠잠히 기다리게 해 주세요.
예수님의 이름으로 기도합니다. 아멘.

돌아보기
'인내'라는 성품을 돌아보고 글로 남겨요.

344

믿음이 없이는 하나님을 기쁘시게 하지 못하나니 하나님께 나아가는 자는 반드시 그가 계신 것과 또한 그가 자기를 찾는 자들에게 상 주시는 이심을 믿어야 할지니라_히 11:6

하나님, 하나님을 믿는 믿음을 허락해 주세요.

이성과 지성, 의지를 통해 하나님을 믿게 해 주세요.

믿음을 떠나서는 하나님을 기쁘시게 할 수 없으니,

든든한 믿음을 가지기 원합니다. 이 시간,

하나님이 계신 것과 하나님은 당신을 찾는 사람에게

응답하신다는 것을 믿습니다. _____도

살아가는 동안 하나님이 계신다는 것과

하나님을 찾을 때 만나 주시고,

응답해 주신다는 것을 알게 해 주세요.

예수님의 이름으로 기도합니다. 아멘.

생각 나누기

'믿음'이 무엇인지 이야기해 보세요.

믿음으로 아벨은 가인보다 더 나은 제사를 하나님께 드림으로 의로운
자라 하시는 증거를 얻었으니 하나님이 그 예물에 대하여 증언하심이라
그가 죽었으나 그 믿음으로써 지금도 말하느니라_히 11:4

하나님, 아담과 하와의 아들인 아벨은
가인보다 더 나은 제사를 드렸다고 합니다.
하나님께서는 믿음으로 드린 아벨의 제사를
칭찬하셨습니다. 우리도 아벨처럼 믿음으로
예배드리기 원합니다. 오랜 세월이 지난 지금까지
아벨을 믿음의 사람으로 기억하듯이,
우리도 믿음의 사람으로 기억되게 해 주세요.
_____도 믿음으로 하나님 앞에 나아가
예배하는 자가 되게 해 주세요.
예수님의 이름으로 기도합니다. 아멘.

성경 인물을 만나요
히브리서 11장을 읽고, 믿음의 인물들에 대해 이야기해 보세요.

영혼 없는 몸이 죽은 것같이 행함이 없는 믿음은 죽은 것이니라_ 약 2:26

하나님, 선한 행위로 구원을 얻는 것은 아니지만,
참된 믿음에는 행함이 따른다는 것을 알게 하시니
감사합니다. 우리가 믿음을 가지되 아는 것으로만
머물지 않고 행함으로 드러내게 해 주세요.
믿음을 지적으로만 아는 것이 아니라,
삶으로 드러내게 해 주세요.
_____도 하나님을 잘 믿게 해 주시고,
믿음을 일상생활 속에서 드러내는
사람이 되게 해 주세요.
예수님의 이름으로 기도합니다. 아멘.

성품 알아보기
믿음은 하나님을 의지하고 그분의 약속에 사랑과 순종으로 반응하
는 거야. 믿음이 있을 때 하나님을 기쁘시게 할 수 있지. 믿음이 바
로 구원의 시작이란다(엡 2:8). 믿음은 하나님의 말씀을 들을 때 생
겨. 믿음을 선물로 주신 하나님, 우리를 자녀로 부르고 인도해 주시
는 하나님을 믿음으로 섬기면 좋겠어. 그럴 수 있겠니?

내가 그리스도와 함께 십자가에 못 박혔나니 그런즉 이제는 내가 사는 것이 아니요 오직 내 안에 그리스도께서 사시는 것이라 이제 내가 육체 가운데 사는 것은 나를 사랑하사 나를 위하여 자기 자신을 버리신 하나님의 아들을 믿는 믿음 안에서 사는 것이라_갈 2:20

하나님, 바울이 예수님과 함께 십자가에서 죽고

그분을 믿는 믿음 안에서 살게 되었듯이,

우리도 그러기 원합니다.

죄로 가득한 우리의 모습을 십자가에 내려놓습니다.

다시 사신 예수님을 믿는 믿음으로,

예수님 중심으로 살기 원합니다.

_____도 날마다 자신의 죄를 고백하고

십자가를 지게 해 주세요.

예수님께서 주시는 생명으로 살아가게 해 주세요.

예수님의 이름으로 기도합니다. 아멘.

일상 둘러보기

믿음 있는 모습을 찾아요.

믿음은 말씀과 기도를 통해 자랍니다. 믿음은 머리나 지식으로 알 때가 아니라 실천할 때 자라고, 시험과 고난을 통해서 단련됩니다. 주변에서 믿음이 좋은 사람을 떠올려 보세요. 그리고 그의 특징은 무엇인지 이야기해 보세요.

예수께서 이르시되 할 수 있거든이 무슨 말이냐 믿는 자에게는 능히 하
지 못할 일이 없느니라 하시니_막 9:23

하나님, 귀신 들린 아이를 고치지 못한 제자들을
향해 예수님은 '믿는 자에게는 능히 하지 못할 일이
없다'고 하셨습니다. 우리는 믿는다고 하면서도
악한 세력의 공격에 대해 낙심할 때가 많습니다.
우리는 약하지만, 강하신 예수님을 떠올리게
해 주세요. 믿는 자에게는 '할 수 있거든'이 아니라,
하지 못할 일이 없다고 하신 예수님의 말씀을
기억하게 해 주세요. _____도
예수 믿는 것에 대해 공격을 받을 때, 도리어
예수님을 믿고 의지하여 담대히 행동하게 해 주세요.
예수님의 이름으로 기도합니다. 아멘.

일상 둘러보기
믿음 없는 모습을 찾아요.

349

오직 믿음으로 구하고 조금도 의심하지 말라 의심하는 자는 마치 바람에 밀려 요동하는 바다 물결 같으니_약 1:6

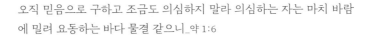

하나님, 야고보는 믿음으로 구하고
조금도 의심하지 말라고 했습니다.
우리는 믿는다고 하면서도
믿음과 의심 사이를 오갈 때가 많습니다.
복음에 대한 의심이 들 때,
우리에게 말씀을 통해 확신을 주세요.
_____도 하나님에 대해 의심하게 될 때,
흔들리는 자신의 모습을 솔직하게 말씀드리고
믿음을 달라고 기도하게 해 주세요.
무슨 일이든 믿음으로 구하는
_____가 되게 해 주세요.
예수님의 이름으로 기도합니다. 아멘.

활동하기
믿음 인생 그래프 그리기
가로축에는 나이, 세로축에는 믿음이라고 쓰고 믿음이 언제 시작되어서 지금까지 왔는지 점과 선, 그림으로 표현해 보세요. 하나님을 생생하게 만났을 때, 하나님을 멀리 떠났을 때 등을 표시하고 믿음 인생을 설명해 보세요.

그러므로 믿음은 들음에서 나며 들음은 그리스도의 말씀으로 말미암았
느니라_롬 10:17

하나님, 우리의 믿음이
하나님의 말씀을 들을 때 생긴다고 하시니
감사합니다. 더욱 하나님의 말씀을 듣기 원합니다.
말씀을 들을 기회가 생기면 꼭 참석해서
듣게 해 주세요. 주신 말씀이 머리만이 아니라
가슴으로 이해되게 하시고, 그 말씀을
삶으로 살아 내게 해 주세요.
_____도 예수님의 말씀을 듣게 하시고,
말씀에 귀 기울이게 해 주세요. 또 다른 사람에게
하나님의 말씀을 들려주게 해 주세요.
예수님의 이름으로 기도합니다. 아멘.

돌아보기
'믿음'이라는 성품을 돌아보고 글로 남겨요.

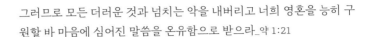

그러므로 모든 더러운 것과 넘치는 악을 내버리고 너희 영혼을 능히 구원할 바 마음에 심어진 말씀을 온유함으로 받으라_약 1:21

하나님, 우리 마음에 있는 더러운 것과 악한 것을
쓰레기통에 던져 넣기 원합니다. 그렇게 한 후,
마음의 빈자리에 하나님의 말씀을 두기 원합니다.
하나님의 가르침을 겸손하게 받게 하시고,
말씀을 통해 우리의 내면을
부드럽고도 강인하게 만들어 주세요.
_____도 자기 안에 있는 죄를 회개하게 하시고,
하나님의 말씀으로 채워 주세요. 보고, 듣고,
읽은 말씀으로 _____를 풍성하게 채워 주세요.
예수님의 이름으로 기도합니다. 아멘.

생각 나누기
'온유'가 무엇인지 이야기해 보세요.

이 사람 모세는 온유함이 지면의 모든 사람보다 더하더라_민 12:3

하나님, 구스 여인을 취했다는 이유로
모세를 비방했던 미리암은 나병에 걸렸습니다.
그러자 온유한 사람인 모세는 그녀를 위해 기도했고,
그녀는 병 고침을 받았습니다. 누군가가 우리를
질투하거나 비난할 때, 상대방과 똑같이 헐뜯거나
비난하지 않게 해 주세요. 그를 용서하고
그를 위해서 기도할 수 있는 마음을 허락해 주세요.
_____도 자기를 비난하거나 질투하는 사람을
용서하고 기도할 수 있게 해 주세요.
반대로 남을 비난하거나 질투하고 싶을 때,
마음속 동기를 살피고 비난을 멈추게 해 주세요.
예수님의 이름으로 기도합니다. 아멘.

성경 인물을 만나요
민수기 12장을 읽고, 모세의 온유함에 대해 이야기해 보세요.

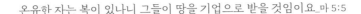

온유한 자는 복이 있나니 그들이 땅을 기업으로 받을 것임이요_마 5:5

하나님, 예수님께서는 온유한 사람이
땅을 기업으로 받을 거라고 하셨습니다.
내면에 있는 강한 힘을 온화하게
표현할 줄 아는 사람이 되게 해 주세요.
_____도 겸손하게
하나님을 신뢰하는 사람이 되어
하나님 나라를 상속받게 해 주세요.
예수님의 이름으로 기도합니다. 아멘.

성품 알아보기
온유는 내면에 있는 강한 힘을 온화하게 표현하는 것을 말해. 자기
를 낮추고 겸손하게 행동하며, 다른 사람을 배려하고 그들에게 관
대하게 대한단다. 가장 온유한 분은 예수님이셨어. 당신이 가진 권
위와 능력을 사람들에게 마음껏 휘두르지 않고 온유하게 사랑하셨
기 때문이야. 우리도 주님의 마음을 본받는 사람이 되면 좋겠다.

형제들아 사람이 만일 무슨 범죄한 일이 드러나거든 신령한 너희는 온유한 심령으로 그러한 자를 바로잡고 너 자신을 살펴보아 너도 시험을 받을까 두려워하라_갈 6:1

하나님, 누군가가 죄에 빠져 있으면
온유한 마음으로 바로잡아 주기 원합니다.
우리도 죄를 지어서 용서가 필요할 수 있으니,
비판부터 하지 않게 해 주세요. 겸손하고 온유하게
죄지은 사람을 용서하며 돕게 해 주세요.
_____도 다른 사람을 무조건 비난하거나
비판하지 않기 원합니다. 언제라도
입장이 바뀔 수 있음을 기억하게 하시고,
지혜롭게 자기를 살피는 사람이 되게 해 주세요.
예수님의 이름으로 기도합니다. 아멘.

일상 둘러보기
온유한 모습을 찾아요.
온유한 사람, 내면의 강인함을 온화하게 드러내는 사람은 사람들과 화목한 관계를 유지하게 되며, 갈등이 생길 때 잘 해결할 수 있습니다. 그런 사람은 다른 사람의 부족함과 실수를 받아들이고, 억울한 일을 당해도 하나님께 맡기고 신뢰한답니다. 주변에서 그런 모습을 찾을 수 있나요?

너희가 무엇을 원하느냐 내가 매를 가지고 너희에게 나아가랴 사랑과
온유한 마음으로 나아가랴_고전 4:21

하나님, 바울은 고린도교회의 성도들을
사랑과 온유한 마음으로 대하기 원했습니다.
우리도 누군가를 질책하고 훈계할 때,
매가 아닌 사랑과 온유한 마음으로 하게 해 주세요.
_____도 믿음 안에서 사랑과 온유한 마음으로
가르치는 지도자를 만나게 해 주세요.
신앙의 멘토에게 잘 배우고,
믿음 위에 굳게 설 수 있도록 인도해 주세요.
예수님의 이름으로 기도합니다. 아멘.

일상 둘러보기
온유하지 않은 모습을 찾아요.

주의 종은 마땅히 다투지 아니하고 모든 사람에 대하여 온유하며 가르치기를 잘하며 참으며 거역하는 자를 온유함으로 훈계할지니 혹 하나님이 그들에게 회개함을 주사 진리를 알게 하실까 하며_딤후 2:24-25

하나님, 당신의 종을 위해 기도합니다.

논쟁하기보다는 온유한 태도로 귀 기울여 듣는

하나님의 종이 되게 해 주세요.

단호하면서도 참을성 있게 잘 가르치게 하시고,

말을 듣지 않는 사람이라 해도 겸손하고 신실한

태도로 대하게 해 주세요.

_____도 바울과 같은 좋은 목회자를

만나게 하시며, 디모데처럼 잘 훈련받아

믿음 안에서 잘 성장하게 해 주세요.

예수님의 이름으로 기도합니다. 아멘.

활동하기

온유 리스트 적기

실제로 행할 수 있는 온유함의 실천 리스트를 만들어 봐요. 예를 들면 온유한 태도로 말하기, 상대방의 말을 끝까지 듣고 대답하기, 도움이 필요한 사람이 보이면 망설이지 않고 돕기 등이 있어요.

오직 마음에 숨은 사람을 온유하고 안정한 심령의 썩지 아니할 것으로
하라 이는 하나님 앞에 값진 것이니라_벧전 3:4

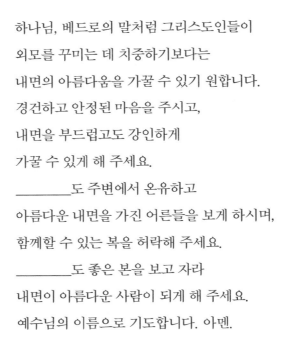

하나님, 베드로의 말처럼 그리스도인들이

외모를 꾸미는 데 치중하기보다는

내면의 아름다움을 가꿀 수 있기 원합니다.

경건하고 안정된 마음을 주시고,

내면을 부드럽고도 강인하게

가꿀 수 있게 해 주세요.

_____도 주변에서 온유하고

아름다운 내면을 가진 어른들을 보게 하시며,

함께할 수 있는 복을 허락해 주세요.

_____도 좋은 본을 보고 자라

내면이 아름다운 사람이 되게 해 주세요.

예수님의 이름으로 기도합니다. 아멘.

돌아보기

'온유'라는 성품을 돌아보고 글로 남겨요.

소망의 하나님이 모든 기쁨과 평강을 믿음 안에서 너희에게 충만하게
하사 성령의 능력으로 소망이 넘치게 하시기를 원하노라_롬 15:13

하나님, 기쁨과 평안을 주셔서 우리 안에
소망이 차고 넘치게 해 주시기를 원합니다.
소망의 하나님께서 우리 인생을 생생한 소망으로
채워 주세요. 기쁨과 평안함이 넘치게 해 주세요.
오직 성령의 능력으로 채워 주시기를 소망합니다.
_____도 하나님을 믿을 때
하나님 나라에 대한 소망을 품게 하시고,
이 땅을 살아가는 동안 소망으로 가득하게
해 주세요. 매일의 삶에 기쁨과 평안함이
차고 넘치게 해 주시기를 원하며,
예수님의 이름으로 기도합니다. 아멘.

생각 나누기
'소망'이 무엇인지 이야기해 보세요.

359

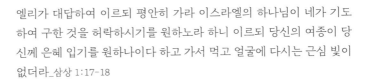

엘리가 대답하여 이르되 평안히 가라 이스라엘의 하나님이 네가 기도하여 구한 것을 허락하시기를 원하노라 하니 이르되 당신의 여종이 당신께 은혜 입기를 원하나이다 하고 가서 먹고 얼굴에 다시는 근심 빛이 없더라_삼상 1:17-18

하나님, 한나는 기도하고
엘리 제사장의 대답을 들은 후 근심하지 않았습니다.
우리도 하나님으로부터 소망의 말씀을 들었으니
믿고 기다리게 해 주세요. 하나님이 하실 일을
기대하며 기다리는 동안 근심하지 않게 하시고,
맡기게 해 주세요. _____도 걱정스럽고
속상한 일이 있을 때, 하나님께 기도하기 원합니다.
하나님께 맡기고 응답받는 과정을 통해
믿음이 성장하게 해 주세요.
예수님의 이름으로 기도합니다. 아멘.

 성경 인물을 만나요
사무엘상 1장 1-18절을 읽고, 한나의 절망과 소망에 대해 이야기해 보세요.

내 영혼아 네가 어찌하여 낙심하며 어찌하여 내 속에서 불안해하는가
너는 하나님께 소망을 두라 그가 나타나 도우심으로 말미암아 내가 여
전히 찬송하리로다_시 42:5

하나님, 우리는 낙심하고 불안할 때가 많습니다.

너무 슬퍼서 먹지 않고 울 때도 있습니다.

그럴 때 슬픔의 근원지가 아닌, 해결자 하나님을

찾기 원합니다. 하나님께서 회복시키실 것을 믿고

기도하기 원합니다. 하나님께 소망을 두고

찬양하기 원합니다. _____도 슬프고 힘들 때,

낙심하고 무너질 때 그 모든 것을 통해

일으켜 세우실 하나님을 바라보게 해 주세요. 소망을

주시는 하나님께 시선을 고정하고 맡기게 해 주세요.

하나님께서 함께해 주실 것을 믿으며,

예수님의 이름으로 기도합니다. 아멘.

성품 알아보기

소망은 하나님이 하신 약속을 믿고, 약속하신 내용이 이루어질 것
을 기대하는 거야. 소망의 일차적인 대상은 하나님이시지. 하나님
께 소망을 두는 사람은 복이 있단다(시 146:5). 또 우리가 살아가는
세상, 영원한 생명, 예수님의 재림 등이 우리의 소망이지. 우리가
고난과 어려움 속에서도 소망을 버리지 않을 때, 결국에는 평안과
기쁨을 얻게 된단다(롬 12:12).

361

너희 안에서 착한 일을 시작하신 이가 그리스도 예수의 날까지 이루실 줄을 우리는 확신하노라_빌 1:6

하나님, 우리 안에 구원을 시작하신 하나님께서

구원이 완성될 때까지 함께하며 인도해 주실 것을

믿습니다. 매일 하나님을 더 닮아 가게 하시고,

우리를 통해 당신의 계획을 이루시기를 소원합니다.

_____에게도 하나님의 구원 계획을 알려 주시고,

인생을 마칠 때까지 동행하며 믿음이 자라게

해 주세요. 날마다 생생하게 하나님을 만나는

_____가 되게 해 주실 것을 소망하며,

예수님의 이름으로 기도합니다. 아멘.

일상 둘러보기

소망이 있는 모습을 찾아요.

하나님의 말씀에는 우리에게 소망을 주는 내용이 가득 들어 있습니다. 걱정과 어려움, 불확실한 미래를 맡기고 기도할 때 우리에게는 소망이 생깁니다(빌 4:6-7). 믿음이 있는 사람들과 함께할 때 소망이 생깁니다. 우리에게 소망을 주는 것이 무엇인지 찾아보세요.

하나님이 그들로 하여금 이 비밀의 영광이 이방인 가운데 얼마나 풍성한지를 알게 하려 하심이라 이 비밀은 너희 안에 계신 그리스도시니 곧 영광의 소망이니라_골 1:27

하나님, 골로새교회에는
하나님께서 소수에게만 믿음의 비밀을 주셨다고
여긴 사람들이 있었습니다. 하지만 바울은
영광의 소망 되신 예수님이 바로 비밀이라고 하며,
이방인들도 알게 하셨다고 말합니다.
영적인 일은 소수에게만 허용된 것이 아니라,
모두가 소망을 품고 알 수 있는 것이라 하시니
감사합니다. _____도 감추어졌던
믿음의 비밀이 바로 예수님이심을 기억하며
예수님과 친밀한 만남을 가지게 해 주세요.
예수님의 이름으로 기도합니다. 아멘.

일상 둘러보기
소망이 없는 모습을 찾아요.

363

너희 마음의 눈을 밝히사 그의 부르심의 소망이 무엇이며 성도 안에서
그 기업의 영광의 풍성함이 무엇이며_엡 1:18

하나님, 우리에게 이해력과 분별력을 주셔서

하나님의 부르심의 소망이 무엇인지

알게 해 주세요. 하나님이 약속한 대로

예수님을 다시 보게 하실 것을 소망하게 해 주세요.

_____도 하나님이 보여 주실 영광스러운

예수님의 모습을 소망하면서

이 땅에서 준비하게 해 주세요.

날마다 소망을 품고 하나님께 나아가는

_____가 되게 해 주세요.

예수님의 이름으로 기도합니다. 아멘.

활동하기

소망 편지 쓰기

지금 소망하는 것이 이루어질 미래를 기대하며 소망을 담은 편지를 써
보세요. 1년 후에 읽을 편지입니다. 자신에게 주는 격려 편지, 배우자
나 자녀, 부모님께 드리는 사랑과 소망이 담긴 편지를 쓰고 1년 후에 열
어서 읽거나 읽어 주세요.

그러나 우리의 시민권은 하늘에 있는지라 거기로부터 구원하는 자 곧 주 예수 그리스도를 기다리노니_빌 3:20

하나님, 우리가 이 땅과 하늘의 시민권을
동시에 가지고 살게 하시니 감사합니다.
우리를 향한 사탄의 시기와 질투, 고난과
어려움 속에서도 믿음을 지키기 원합니다.
우리가 이 땅에서 사는 동안 그 무엇에도
주눅 들지 않게 해 주시고, 우리가
하늘의 시민권을 가진 존재임을 기억하게 해 주세요.
_____도 예수님이 오실 것을 기대하며
기도하는 사람이 되게 해 주세요.
하늘과 땅의 복수 국적자임을
자랑스럽게 여기며 살게 해 주세요.
예수님의 이름으로 기도합니다. 아멘.

돌아보기
'소망'이라는 성품을 돌아보고 글로 남겨요.

예수께서 이르시되 어찌하여 무서워하느냐 믿음이 작은 자들아 하시고
곧 일어나사 바람과 바다를 꾸짖으시니 아주 잔잔하게 되거늘_마 8:26

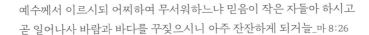

하나님, 갈릴리바다의 거친 파도와 세찬 바람을
호령하여 잔잔하게 하셨던 예수님을 통해
예수님이 세상의 창조주이자 우리의 구원자이심을
깨닫게 됩니다. 이 세상을 사는 것이 망망한
바다 위의 배를 타고 있는 것 같을지라도, 그 배에는
예수님이 함께 타고 계심을 잊지 않기 원합니다.
어려움과 환난, 고난과 불안 속에서도
예수님과 동행하며 잘 견디고 승리하게 해 주세요.
올해를 주님과 동행한 것처럼,
내년 한 해도 함께해 주실 것을 믿습니다.
예수님의 이름으로 기도합니다. 아멘.

생각 나누기
'평온'이 무엇인지 이야기해 보세요.